Geschäftsmodelle systematisch analysieren

Atilla Wohllebe

Geschäftsmodelle systematisch analysieren

Wertschöpfungsmechanismen verstehen und Wirkungszusammenhänge identifizieren

 Springer Gabler

Atilla Wohllebe
Hamburg, Deutschland

ISBN 978-3-658-36257-7   ISBN 978-3-658-36258-4   (eBook)
https://doi.org/10.1007/978-3-658-36258-4

Die Deutsche Nationalbibliothek verzeichnet diese Publikation in der Deutschen Nationalbibliografie; detaillierte bibliografische Daten sind im Internet über http://dnb.d-nb.de abrufbar.

Planung/Lektorat: Carina Reibold
Springer Gabler ist ein Imprint der eingetragenen Gesellschaft Springer Fachmedien Wiesbaden GmbH und ist ein Teil von Springer Nature.
Die Anschrift der Gesellschaft ist: Abraham-Lincoln-Str. 46, 65189 Wiesbaden, Germany

Geleitwort Prof. Dr. Jan-Paul Lüdtke, Studiengangsleitung E-Commerce, Fachhochschule Wedel

Besonders etablierte Unternehmen stehen seit jeher vor einem Dilemma. Sie verfügen einerseits über ein meist funktionierendes Geschäftsmodell, mit dem sie bestehende Kunden erfolgreich bedienen. Andererseits entstehen durch technologischen und gesellschaftlichen Wandel neue Wertschöpfungschancen, die mit bestehenden Geschäftsmodellen nicht abgeschöpft werden können. Wie sollen etablierte Unternehmen in dieser Situation handeln: Das bisherige Geschäftsmodell erhalten, um bestehende Kunden und Zahlungsströme nicht zu verlieren, oder das Geschäftsmodell anpassen, um neue Kundengruppen zu erschließen und zu gewinnen?

Diese Fragestellung ist keinesfalls neu, doch sie hat in den vergangenen Jahrzehnten erheblich an Bedeutung gewonnen. Ob im Handel, in den Medien oder in der Automobilindustrie, etablierte Unternehmen wurden von neuen Marktteilnehmern mit neuen Geschäftsmodellen herausgefordert und teilweise verdrängt. Die neuen Marktteilnehmer sind deswegen so erfolgreich, weil sie mit angepassten Geschäftsmodellen insbesondere durch die Digitalisierung neue Differenzierungsfaktoren gestalten und nutzen. Netzwerkeffekte, direkte Kundenbeziehungen, ein reicher Schatz digitaler Kundendaten und die schnelle und kostengünstige Skalierung des Angebots sind nur einige dieser neuen Werttreiber. Darüber hinaus werden gesellschaftliche Herausforderungen, innovative Technologien und veränderte regulatorische Rahmenbedingungen auch zukünftig neue Wertschöpfungsmöglichkeiten hervorbringen.Es ist also für jedes Unternehmen unerlässlich, sehr aufmerksam auf neue und sich verändernde Geschäftsmodelle zu achten und ihren Wert für die eigene Wertschöpfung zu analysieren.

Atilla Wohllebe leistet hierzu mit diesem Werk einen wichtigen Beitrag, der besonders Entscheidungstragende in etablierten Unternehmen anspricht. Er grenzt zunächst den Geschäftsmodellbegriff sinnvoll ab und zeigt die Bedeutung der Geschäftsmodellanalyse fundiert auf. Anschließend wird mit dem Business Model Canvas ein geeignetes Werkzeug zur Geschäftsmodellanalyse eingeführt. In den folgenden Kapiteln werden moderne Ansätze zur Systematisierung von Geschäftsmodellen vorgestellt, die sehr gut dafür genutzt werden können, das eigene Geschäftsmodell zu prüfen, herauszufordern und mit neuen Ansätzen zur Wertschöpfung zu reflektieren. Abschließend geht Herr Wohllebe explizit auf Wettbewerbsfaktoren der zunehmenden Digitalisierung der Wertschöpfung ein. In diesem kurzen Werk schafft er es, die wichtigsten Schritte der systematischen Geschäftsmodellanalyse verständlich und präzise zu vermitteln.

Langfristiger Unternehmenserfolg ergibt sich nur dann, wenn eigene Geschäftsmodelle immer wieder im Hinblick auf gesellschaftliche und technologische Veränderungen hinterfragt und angepasst werden. Ich kann allen Unternehmerinnen und Unternehmern die Lektüre dieses Buchs daher nur empfehlen. Es bietet einen sehr guten Einstieg in die systematische Auseinandersetzung mit der stetigen Veränderung und den gegenwärtigen Ausprägungen von Wertschöpfungsmodellen.

Prof. Dr. Jan-Paul Lüdtke
Studiengangsleitung E-Commerce
Fachhochschule Wedel

Geleitwort Tjorven Nolting,
Head of Operations, NatureRe Capital AG

Ganzheitliche Nachhaltigkeit, konsequenter Umweltschutz und die globale Bekämpfung des Klimawandels sind herausragende Herausforderungen unserer Zeit. Die Art und Weise, wie wir leben und wirtschaften wird sich verändern müssen, wenn wir diesen Planeten erhalten wollen. „Verzicht!" schreien die einen, wenn sie mehr Nachhaltigkeit fordern. Sie haben nicht gänzlich Unrecht, denkt man beispielsweise an Billigfleisch, Inlandsflüge oder unnütze Plastikverpackungen. Wir haben zu viele Jahrzehnte ohne Rücksicht auf Mutter Erde auf diesem Planeten gelebt und leben noch immer weit über unseren Verhältnissen. Und trotzdem ist der reine Verzicht wohl nicht des Rätsels ganze Lösung. Eine Vielzahl unserer gesellschaftlichen Errungenschaften und Ziele, wie der Anspruch auf ein gutes Leben durch wachsende demokratische und wirtschaftliche Teilhabe, beruhen auf Fortschritt und Innovation. Es geht darum, Nachhaltigkeit als Chance zu verstehen.

Es ist fast selbsterklärend, dass Nachhaltigkeit eine Quelle für Inspiration ist. Um die Brücke vom Status Quo zu einer wirklich ökologisch, sozial und wirtschaftlich nachhaltigen Zukunft zu bauen, bedarf es ein hohes Maß an Innovation. Politisch-regulatorische Entwicklungen wie etwa die Einführung eines CO_2-Preises oder des Lieferkettengesetzes sichern diese Entwicklungen und dienen als Innovationsmotor. Konsument:innen legen mehr und mehr Wert auf Nachhaltigkeit in ihren Kaufentscheidungen, Mitarbeiter:innen – insbesondere junge Talente – entscheiden sich für Unternehmen, die ihre Werte vertreten und an Problemen arbeiten, die ihnen am Herzen liegen. Zu denken, man müsse zwischen Nachhaltigkeit und Wirtschaftlichkeit entscheiden, ist ein Irrglaube. Das Gegenteil ist der Fall.

Entsprechend notwendig ist es, sich auch im Kontext der Nachhaltigkeit mit Geschäftsmodellen auseinanderzusetzen. Die Frage, wie Nachhaltigkeit zum Wachstumstreiber werden kann und welche Implikationen dies auf das bestehende Handeln hat, ist häufig komplex und vielschichtig. Es bedarf einer strategisch-konzeptionellen Auseinandersetzung mit den bisherigen Bausteinen, um entscheiden zu können, wie die Weichen für die Zukunft ganzheitlich gestellt werden können. Die systematische Analyse von Geschäftsmodellen, bestehender Wertschöpfungsketten, sich verändernder Rahmenbedingungen und Nutzer:innenbedürfnisse birgt ein Gros an Potenzial für Innovation. Das gilt nicht nur für neue Unternehmungen, sondern insbesondere auch für bestehende Firmen. Damit es nicht beim Lippenbekenntnis bleibt, sondern wir erfolgreich vom Versprechen ins Handeln kommen.

Tjorven Nolting
Head of Operations
NatureRe Capital AG

Vorwort

Obwohl der Begriff „Geschäftsmodell" bereits einige Jahrzehnte alt ist, so scheint es doch, dass er gerade in den letzten Jahren immer öfter in der Unternehmenspraxis, aber auch in der Wirtschaftspresse Verwendung findet und damit längst seinen Ursprüngen der wissenschaftlichen Debatte Ende des letzten Jahrtausends entflohen ist. Die Omnipräsenz großer Technologiekonzerne wie Google und Facebook sowie die Disruption ganzer Branchen durch Unternehmen wie Netflix und Spotify oder Airbnb und Uber haben (nicht nur) in Deutschland eine neue Gründungs- und Start-Up-Kultur entstehen lassen. Und so findet das Nachdenken über Geschäftsmodelle nicht mehr nur im Silcon Valley, sondern eben auch in Deutschland statt – an den wirtschaftswissenschaftlichen Fakultäten der Hochschulen, bei Strategie- und Innovationsverantwortlichen in Unternehmen und in den Top-Management-Ebenen der deutschen Wirtschaft; häufig, weil man sich entwickeln möchte, mitunter aber auch, weil man es muss.

Grundlage einer jeden Diskussion über ein Geschäftsmodell – und zur Frage, welchen Wert ein Unternehmen seinen Kunden verspricht, wie es diesen generiert und wie es damit Erträge erzielt – ist das gemeinsame Verständnis des jeweiligen Geschäftsmodells. Dieses muss nicht zwangsläufig das bestehende Modell des eigenen Unternehmens sein, sondern kann auch das Geschäftsmodell eines Wettbewerbers oder gar eines noch nicht existierenden Unternehmens sein. Ebenso vielfältig wie die Einsatzmöglichkeiten von Geschäftsmodellen – etwa zur Identifikation wesentlicher Wertschöpfungskomponenten, zur konkretisierenden Beschreibung einer Geschäftsidee für Gründerteams oder Investoren oder zum Aufspüren möglicher Inspirationsquellen für die eigene Unternehmenstransformation – sind jedoch auch die Analyse- und Beschreibungsmethoden.

Mit diesem Buch möchte ich deshalb Strategie-, Business Development- und Innovationsverantwortlichen einen Überblick über konkrete Instrumente verschaffen, um Geschäftsmodelle – unabhängig vom Verwendungszweck – systematisch zu analysieren. Neben der eigentlichen Analyse, für die in diesem Buch der Business Model Canvas herangezogen wird, werden diverse Systematisierungsansätze aufgezeigt und die spezifischen Wirkungszusammenhänge insbesonderer digitaler Geschäftsmodelle diskutiert. Gepaart mit zahlreichen Beispielen stellt dieses Buch insofern eine sehr praxisnahe, rein auf die Analyse fokussierte Auseinandersetzung mit Geschäftsmodellen dar.

An dieser Stelle möchte ich mich ganz herzlich bei all jenen bedanken, die dieses Buch mit ihren Beiträgen unterstützt haben – Prof. Dr. Jan-Paul Lüdtke und Tjorven Nolting für ihre Geleitworte, dem Unternehmen NetJets für die aktive Mithilfe bei der Gestaltung des entsprechenden Praxisbeispiels, Stefan Berkenhoff und Ralf Leister für ihre Erfahrungsberichte aus der Praxis und Stefan Ebert und Dr. Ralf E. Strauß für ihre Vorab-Rezensionen. Zusätzlich gilt mein Dank den vielen Unternehmen, die in diesem Buch als Praxisbeispiele dienen. Abschließend möchte ich mich bei meiner Familie für die großartige Unterstützung bedanken – ohne euch wäre dieses Buch nicht möglich.

Angemerkt sei noch, dass ich in diesem Buch – entgegen meiner Bemühungen beim „gesprochenen Wort" – zugunsten der besseren Lesbarkeit auf das Gendern verzichte. Gleichzeitig wünsche ich mir, dass sich alle Menschen, unabhängig von ihrem Geschlecht, angesprochen fühlen. Allen Mitwirkenden habe ich es vollständig freigestellt, ob und wie sie in ihren Beiträgen gendern.

Auf den Austausch mit interessierten Lesern aus Wissenschaft und Praxis freue ich mich!

Atilla Wohllebe

Zusammenfassung

Vor dem Hintergrund der Digitalisierung und der Globalisierung nimmt der Druck auf Unternehmen zu, Wettbewerbsvorteile zu generieren und zu sichern, um langfristig bestehen zu können. Besondere Aufmerksamkeit hat in diesem Kontext in den vergangenen Jahren der Begriff des Geschäftsmodells erhalten. Insbesondere bei der Neugründung, aber auch bei der tief greifenden Weiterentwicklung bzw. Transformation von Unternehmen werden Geschäftsmodelle genutzt, um Wertversprechen und Wertschöpfungsmechanismen zu beschreiben. Dieses Buch bietet eine verständliche und praxisnahe Einführung in die Geschäftsmodellanalyse mit dem Business Model Canvas und zeigt verschiedene Ansätze zur Systematisierung von – insbesondere digitalen – Geschäftsmodellen auf. So werden unter anderem Systematisierungen anhand unterschiedlicher Wertschöpfungstypen diskutiert und jeweils auch entsprechende Praxisbeispiele beschrieben. Anhand der spezifischen Wirkungszusammenhänge digitaler Geschäftsmodelle wird außerdem deutlich, wie Mechanismen wie Lock-in-Effekte langfristig Wettbewerbsvorteile sichern können. Das vorliegende Werk legt damit die fachlich-theoretischen Grundlagen, um das eigene, aber auch das Geschäftsmodell eines jeden anderen Unternehmens systematisch zu analysieren. Das vermittelte Wissen ist gleichzeitig auch Ausgangsbasis, um den Bedarf nach Geschäftsmodellinnovationen im eigenen Unternehmen zu erkennen und entsprechend voranzutreiben.

Inhaltsverzeichnis

Über den Autor

Atilla Wohllebe, M.Sc.
Benzstraße 12
22177 Hamburg
mail@atilla-wohlle.be (für Veröffentlichung)

Einleitung

Der zunehmende Einsatz von Technologie und insbesondere die Digitalisierung prägen – zum Teil bereits seit vielen Jahren – die Debatte um wirtschaftliche, aber auch politische und gesellschaftliche Herausforderungen (Deckert, 2019a). Zusätzlich lässt die Globalisierung den Wettbewerbsdruck in vielen Branchen aufgrund neuer Marktteilnehmer aus dem Ausland steigen. Viele Unternehmen verspüren in diesem Umfeld einen hohen Transformationsdruck, wobei unter dem Begriff in der Vergangenheit vor allem die Notwendigkeit einer durch intensiven Wettbewerb und Kostendruck erforderlichen Produktivitätssteigerung zu verstehen war (Erixon, 1998). Dieses Verständnis der Transformation kann vor allem als Bedarf nach prozessualen Innovationen, also Maßnahmen, die der effizienteren Durchführung bestehender Aktivitäten eines Unternehmens dienen, verstanden werden.

Gleichzeitig haben disruptive Innovationen, vor allem ermöglicht durch die Nutzung von Technologie, zahlreiche Branchen in den letzten Jahren tiefgreifend verändert und so teils gänzlich neue Märkte entstehen lassen. Dies gilt, neben physischen Produkten wie dem Smartphone, welches das klassische Handy innerhalb weniger Jahre praktisch vollständig von Markt verdrängt hat, auch für Dienstleistungen.

▶ **Literaturhinweis: Disruption** Der Begriff der Disruption wurde von dem Wirtschaftswissenschaftler und Autor Clayton M. Christensen in dessen Buch „The Innovator's Dilemma" geprägt. Er beschreibt darin unter anderem, wie disruptive Innovationen in kürzester Zeit neue Märkte begründen und so bestehende, nicht auf die jeweilige Innovation vorbereitete Unternehmen verdrängen (Christensen, 1997).

© Der/die Autor(en), exklusiv lizenziert durch Springer Fachmedien Wiesbaden GmbH, ein Teil von Springer Nature 2022
A. Wohllebe, *Geschäftsmodelle systematisch analysieren,*
https://doi.org/10.1007/978-3-658-36258-4_1

Zu den vielleicht populärsten Beispielen für disruptiv agierende Unternehmen dürften vor allem jene gehören, die sich in vielen Branchen weltweit erfolgreich zwischen Verbrauchern und Dienstleistern platzieren konnten und dabei eine vermittelnde Funktion einnehmen. Insofern haben Unternehmen wie Airbnb (Vermittlung von Ferienwohnungen), Booking.com (Vermittlung von Hotelzimmern), Uber (Vermittlung von Fahrdienstleistungen) oder Amazon mit seinem Marktplatz (Vermittlung von Produkten) nicht nur bestehende Märkte radikal verändert, sondern lassen bestehende Unternehmen – etwa, am Beispiel Amazon, den stationären Einzelhandel – mitunter ihre Gesamtunternehmung hinterfragen (Adler & Wohllebe, 2020; Deckert & Wohllebe, 2021, S. 6).

Dieses Hinterfragen, die Frage nach der langfristigen Perspektive im Wettbewerb und nach dem Erhalt beziehungsweise der Steigerung der Wettbewerbsfähigkeit oder – anders ausgedrückt – die Frage, welchen Wert ein Unternehmen am Markt eigentlich anbietet, wie es diesen erstellt und wie es damit Geld zu verdienen beabsichtigt, führen zu der Frage nach dem Geschäftsmodell eines Unternehmens (Nagl & Bozem, 2018, S. 10).

Hintergrund: Relevanz von Geschäftsmodellen in Wissenschaft und Praxis
Die Auseinandersetzung mit Geschäftsmodellen hat in den vergangenen Jahren in Wissenschaft und Praxis stetig an Bedeutung gewonnen (Abb. 1.1). So hat sich das Interesse am Themenfeld „Geschäftsmodell" bei Google Trends innerhalb von 10 Jahren mehr als verdoppelt. Die Anzahl der wissenschaftlichen Publikationen, die bei ScienceDirect, einer wissenschaftlichen Suchmaschine des Elsevier-Verlags, zum Suchbegriff „Business Model" gelistet sind, hat sich etwa verzweieinhalbfacht (Google Trends, 2021; ScienceDirect, 2021).

Zur Sicherung der langfristigen Wettbewerbsfähigkeit als übergeordnetes Ziel ist es auf Dauer nicht hinreichend, dass Unternehmen nur im Rahmen ihres bestehenden Geschäftsmodells arbeiten. Vielmehr erfordert die Dynamik des Marktes auch das ständige Hinterfragen und Weiterentwickeln des eigenen Geschäftsmodells sowie gegebenenfalls die Erarbeitung und Umsetzung völlig neuer Geschäftsmodelle, um auf tiefgreifende Veränderungen, etwa disruptiv wirkende technologische Innovationen, zu reagieren.

Grundlage einer jeden Diskussion um ein Geschäftsmodell kann dabei nur das einheitliche Verständnis desselbigen sein. Die Schaffung dieses Verständnisses erfordert, insbesondere auch zur Gewinnung von Erkenntnissen auf Basis vergleichbarer Geschäftsmodelle, eine ebenso einheitliche, systematische Analyse mithilfe etablierter Methoden und Modelle.

Ziel dieses Buches ist es, Strategie-, Business Development- und Innovationsverantwortlichen in Unternehmensfunktionen und Unternehmern die theoretischen Grundlagen der systematischen Geschäftsmodellanalyse praxisnah zu vermitteln,

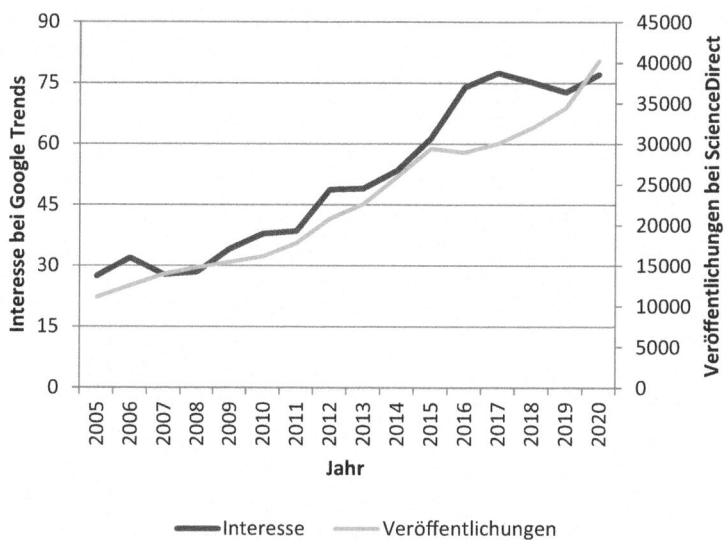

Abb. 1.1 Interesse an „Geschäftsmodell" und wissenschaftliche Publikationen zu „Business Model" im Zeitverlauf. (Basierend auf Google Trends 2021 und ScienceDirect 2021)

sodass diese die hier diskutierten Methoden einsetzen und so gewinnbringend für sich nutzen können. Zahlreiche Beispiele aus der Praxis, teilweise bekannter, teilweise weniger bekannt, machen diese Methoden noch eingängiger und erlauben die Analyse sowohl bestehender als auch neuer, noch zu entwickelnder Geschäftsmodelle, im eigenen Unternehmen wie auch im Wettbewerb oder gar in fremden Branchen, dort etwa mit dem Ziel der Adaption von beobachteten Mechanismen und Best-Practices.

Im folgenden Kapitel gilt es zunächst, den Begriff des Geschäftsmodells definieren und von dem in diesem Kontext ebenfalls häufig verwendeten Begriff der „Strategie" abzugrenzen (Abschn. 2.1). Dabei soll es weniger um eine ausführliche wissenschaftlich-theoretische Betrachtung der Begriffshistorie gehen, sondern vielmehr um die Schaffung eines einheitlichen Begriffsverständnisses als Grundlage für die weiteren Ausführungen. Anschließend werden die unterschiedlichen Verwendungsmöglichkeiten von Geschäftsmodellen, das heißt insbesondere zur Analyse, zur Planung und zur Kommunikation, diskutiert (Abschn. 2.2). Im Sinne der systematischen Geschäftsmodellanalyse wird zudem ein standardisierter Prozess vorgeschlagen, welcher die einzelnen, im weiteren

Verlauf des Buches skizzierten Modelle und Ansätze aufgreift (Abschn. 2.3). Als erstes Beispiel wird, noch nicht mit einem systematischen Ansatz, sondern zunächst relativ frei und eher einfach gehalten, das Geschäftsmodell eines Hotels beschrieben (Abschn. 2.4).

Die Geschäftsmodellanalyse als Teil des Business Model Managements ist Gegenstand des dritten Kapitels. Hierzu wird zunächst, um den Bedarf nach einem aktiven Business Model Management zu verdeutlichen, der Geschäftsmodelllebenszyklus eingeführt, wobei der stationäre Einzelhandel mit seinen unterschiedlichen Vertriebskonzepten als Beispiel dient (Abschn. 3.1). Anschließend wird die Geschäftsmodellanalyse im Kontext des Business Model Management eingeordnet (Abschn. 3.2).

Mit dem Business Model Canvas nach Alexander Osterwalder (Osterwalder & Pigneur, 2010) stellt das vierte Kapitel die weltweit wahrscheinlich bekannteste Methode zur systematischen Geschäftsmodellanalyse vor (Abschn. 4.1). Insbesondere werden die einzelnen Teilaspekte des Business Model Canvas, auch anhand kurzer Beispiele, vorgestellt. Im Anschluss erfolgt die exemplarische Analyse des Geschäftsmodells von IKEA mit Hilfe des Business Model Canvas (Abschn. 4.2).

Das fünfte Kapitel liefert verschiedene Ansätze zur Systematisierung beziehungsweise Typologisierung von Geschäftsmodellen. Ausgangsbasis bildet zunächst ein Klassifizierungsansatz verschiedener Wertschöpfungstypen, wie er unter anderem von Wirtz (2020, S. 83 ff.) aufgegriffen wird (Abschn. 5.1). Anschließend liegt der Fokus mit dem 4C-Net Business Model (Abschn. 5.2) sowie den webbasierten Geschäftsmodellen (Abschn. 5.3) vor allem auf digitalen Geschäftsmodellen. Mit den Geschäftsmodell-Analogien bietet das Kapitel schließlich einen Ansatz, der sich sowohl in der Online-, als auch in der „analogen" Welt nutzen lässt und gute Möglichkeiten zur Identifikation ähnlich funktionierender Geschäftsmodelle unterschiedlichster Branchen offeriert (Abschn. 5.4).

Das sich anschließende sechste Kapitel bildet die Synthese der zuvor diskutierten Ansätze: Die hier dargestellten Wirkungsmechanismen sind die Grundlage bekannter Geschäftsmodelle der Internet-Ökonomie, welche im wahrsten Sinne des Wortes „von selbst" zu laufen scheinen. Mit den in diesem Kapitel diskutierten Netzwerk-, Lock-in- und Skaleneffekten lassen sich Geschäftsmodelle entwickeln, deren langfristiger und offenbar immer größer werdende Erfolg (unter anderem) auf diesen Effekten beruht. Ralf Leister, Head of Customer Experience & Services bei BAUR sowie selbstständiger Moderator, weist in einem Expertenbeitrag aus der Praxis auf die besondere Relevanz von Netzwerkeffekten bei Plattform-basierten Geschäftsmodellen hin. Stefan Berkenhoff,

Experte für digitale Produktentwicklung und Senior Manager bei der Unternehmensberatung Etribes erklärt, wie Unternehmen mit digitalen Angeboten in der Praxis aktive und passive Lock-in-Effekte realisieren können (Kap. 6).

Den Abschluss bildet ein kurzer Exkurs in die Entwicklung von Geschäftsmodellinnovationen, wobei an dieser Stelle neben der Verbindung zur Geschäftsmodellanalyse vor allem einige Methoden kurz diskutiert und weiterführende Literaturhinweise gegeben werden sollen. Stefan Berkenhoff ergänzt diesen Exkurs mit Ausführungen zu den Herausforderungen und Hindernissen bei der Entwicklung von Geschäftsmodellinnovationen in bestehenden Organisationen (Kap. 7).

Der Begriff „Geschäftsmodell" 2

Ziel dieses Kapitels ist es, zunächst ein einheitliches Verständnis vom Begriff des Geschäftsmodells und der Verwendung von Geschäftsmodellen in der unternehmerischen Praxis zu schaffen. Neben der Diskussion und Genese verschiedener Definitionsansätze erörtert das Kapitel vor allem die Verwendungsmöglichkeiten von Geschäftsmodellen – unter anderem zur Analyse. Im Sinne eines systematischen Ansatzes zur Analyse von Geschäftsmodellen wird zudem ein Prozess zur Geschäftsmodellanalyse vorgeschlagen. Darüber hinaus wird an einem einfachen Beispiel das Geschäftsmodell eines Hotels, zunächst noch unstrukturiert, das heißt keiner etablierten Methode folgend, beschrieben. Nachfolgende Abbildung zeigt die Struktur des Kapitels (Abb. 2.1).

2.1 Definition und Abgrenzung

Obwohl die Auseinandersetzung mit Geschäftsmodellen gerade in den letzten Jahren und insbesondere im Kontext von Neugründungen und Transformationsvorhaben deutlich zugenommen hat (Abb. 1.1), kann aufgrund einer Vielzahl verschiedener Definitionsansätze kein einheitliches Verständnis des Begriffs „Geschäftsmodell" in Wissenschaft und Praxis konstatiert werden. Im Folgenden sollen deshalb lediglich einige wenige ausgewählte Definitionsansätze tatsächlich vorgestellt werden, bevor auf Basis einer Synthese, wie sie Nagl und Bozem (2018, S. 13 f.) vorgenommen haben, ein für dieses Buch einheitliches Verständnis hergestellt wird.

Die für den deutschen Sprachraum vielleicht relevanteste Definition eines Geschäftsmodells stammt von dem deutschen Ökonomen Bernd W. Wirtz aus dem Werk „Electronic Business" aus dem Jahr 2000 und wurde in neueren Werken des Autoren immer wieder aufgegriffen. Nach Wirtz ist ein Geschäftsmodell die

A. Wohllebe, *Geschäftsmodelle systematisch analysieren*,
https://doi.org/10.1007/978-3-658-36258-4_2

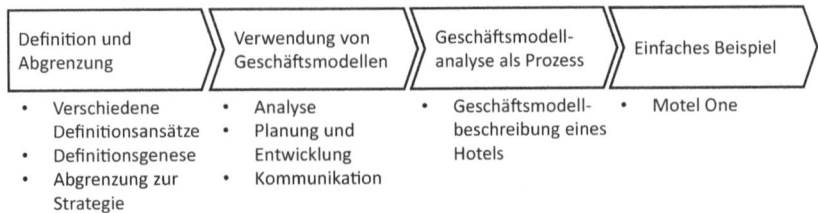

Definition und Abgrenzung	Verwendung von Geschäftsmodellen	Geschäftsmodell-analyse als Prozess	Einfaches Beispiel
• Verschiedene Definitionsansätze • Definitionsgenese • Abgrenzung zur Strategie	• Analyse • Planung und Entwicklung • Kommunikation	• Geschäftsmodell-beschreibung eines Hotels	• Motel One

Abb. 2.1 Struktur des Kap. 2

vereinfachte und aggregierte Darstellung des Leistungssystems eines Unternehmens. Es stellt dar, wie ein Unternehmen vermarktungsfähige Informationen, Produkte und/oder Dienstleistungen durch seinen Wertschöpfungsprozess erzeugt, wobei neben der Architektur der Wertschöpfung auch Kunden- und Marktkomponenten zu berücksichtigen sind, welche das übergeordnete Ziel der Generierung und Sicherung eines Wettbewerbsvorteils unterstützen (Wirtz, 2000, S. 81, 2010, S. 211, 2020, S. 57).

Während Wirtz' Verständnis des Geschäftsmodells wesentlich in der Frage des Wettbewerbsvorteils mündet, fokussiert Schallmo (2013) vor allem den Nutzen. Für den Professor für Digitale Transformation und Entrepreneurship beschreibt ein Geschäftsmodell die „Grundlogik eines Unternehmens, die beschreibt, welcher Nutzen auf welche Weise für Kunden und Partner gestiftet wird. Ein Geschäftsmodell beantwortet die Frage, wie der gestiftete Nutzen in Form von Umsätzen in das Unternehmen zurückfließt. Der gestiftete Nutzen ermöglicht die Differenzierung gegenüber Wettbewerbern, die Festigung von Kundenbeziehungen und die Erzielung eines Wettbewerbsvorteils" (D. Schallmo, 2013, S. 22).

Die Definition des St. Gallener Professors für Technologiemanagement, Oliver Gassmann, stellt den Kunden in den Mittelpunkt der Geschäftsmodelldefinition und fragt zunächst nach dem Zielkunden. Um die Frage nach dem Zielkunden herum sind das Ertragsmodell – als Antwort auf die Frage, wie der Wert erzielt wird –, die Wertschöpfungsarchitektur – als Antwort auf die Frage, wie der Wert beziehungsweise die Leistung erstellt wird – und das Nutzenversprechen – als Antwort auf die Frage, welcher Nutzen dem Kunden angeboten wird – angeordnet (Gassmann et al., 2013, S. 20 f.; Nagl & Bozem, 2018, S. 11).

Diese drei Definitionen zeigen exemplarisch, wie unterschiedlich der Begriff des Geschäftsmodells in der Wissenschaft aufgefasst wird. Insofern liefert die Synthese aus 16 verschiedenen Definitionen mit insgesamt 22 verschiedenen Merkmalen, wie sie Nagl und Bozem (2018, S. 13) vornehmen, einen deutlich komplexitäts-reduzierenden Beitrag zur Debatte um eine einheitliche Definition. Der einfachste Definitionsansatz für den Begriff des Geschäftsmodells umfasst mit dem Unternehmenszweck dabei gerade einmal ein einziges Merkmal. Die am häufigsten genannten Merkmale der 16 Definitionsansätze sind das Nutzenversprechen (11), die Wertschöpfung (10), der Unternehmenszweck (9) und der Kunde (8). Die mit 12 von 16 Merkmalen umfassendste und vor dem Hintergrund des im weiteren Verlauf diskutierten Business Model Canvas (Kap. 4) für dieses Werk wohl relevanteste Definition stammt von Osterwalder und Pigneur (2002).

▶ **Definition: Geschäftsmodell** Ein Geschäftsmodell beschreibt den Wert, den ein Unternehmen seinen Kunden anbietet, und die Architektur und das Netzwerk von Partnern, die dieses Unternehmen zur Schaffung, Vermarktung und Erbringung dieses Wertes nutzt, um langfristig und profitabel Umsatzströme zu schaffen (angelehnt an Osterwalder und Pigneur 2002).

Über die Frage hinaus, was ein Geschäftsmodell ist, sollte auch Klarheit darüber bestehen, was ein Geschäftsmodell nicht ist. Insbesondere vom in diesem Kontext häufig genannten, teilweise sogar synonym verwendeten Begriff der „Strategie" ist der Begriff des Geschäftsmodells deshalb abzugrenzen (Bieger & Reinhold, 2011, S. 23).
Laut Bieger und Reinhold (2011, S. 23) ist die Strategie vor allem in drei Punkte vom Geschäftsmodell abzugrenzen:

- Strategische Überlegungen schließen die Betrachtung der **Konkurrenz** ein, während Geschäftsmodelle sich auf die Schaffung von Kundenwerten, gegebenenfalls mit Hilfe von Kooperationspartnern konzentrieren.
- Geschäftsmodelle beschreiben Quellen und Mechanismen der Ertragsgenerierung, berücksichtigen ansonsten jedoch Fragen der **Finanzierung** – im Gegensatz zur Strategie – kaum.
- Die Erarbeitung von Strategien setzt umfassend auf die Gewinnung zuverlässiger **Informationen,** während Geschäftsmodelle – auch aufgrund ihres stark vereinfachenden Charakters – häufig auch auf Annahmen beruhen.

Umfang und Detailgrad der Strategie unterscheiden sich also deutlich von Geschäftsmodellen. Die Analyse der Strategie eines Unternehmens aus externer Perspektive ist damit im Regelfall praktisch kaum in hinreichender Qualität möglich. Im Gegensatz dazu lassen sich Geschäftsmodelle von Unternehmen häufig und weitestgehend mithilfe öffentlich verfügbarer Informationen beschreiben.

Bieger und Reinhold (2011, S. 25) weisen darauf hin, dass insofern die Strategie als Bezugsrahmen für die konkrete Ausgestaltung von Geschäftsmodellen zu verstehen ist. Insbesondere bedeutet dies, dass die Strategie eines Unternehmens in verschiedenen Geschäftsmodellansätzen münden kann.

2.2   Verwendung von Geschäftsmodellen

Bei der Verwendung von Geschäftsmodellen in der Praxis haben sich über die Zeit drei Felder herauskristallisiert, die im Folgenden kurz genannt werden und im Anschluss jeweils ausführlich erörtert werden.

1. Analyse
2. Kommunikation
3. Planung

2.2.1   Analyse

Bei der Nutzung eines Geschäftsmodells zur – Analyse welche in diesem Buch klar im Vordergrund stehen soll – gilt es, die wesentlichen Elemente eines Unternehmens und ihre Beziehung zueinander zu beschreiben. Ziel ist dabei die Schaffung des Verständnisses darüber, welchen Wert ein Unternehmen generiert, wie es diesen generiert und wie es den Wert – transportiert zum Beispiel über Produkte oder Dienstleistungen – am Markt platziert.

Neben der naheliegenden Beschreibung des Geschäftsmodells des eigenen Unternehmens zum aktuellen Zeitpunkt sind darüber hinaus verschiedene Variationen der Analyse denkbar.

So kann ein Geschäftsmodell einerseits zu einem bestimmten Zeitpunkt, andererseits aber auch über einen definierten Zeitraum hinweg und wiederholt analysiert werden, etwa um den Fortschritt von Transformationsprozessen oder Geschäftsmodellinnovationen zu erfassen, mit dem Ziel, diesen zu beurteilen und gegebenfalls nachzusteuern.

Auch das eigentliche Objekt der Geschäftsmodellanalyse kann variieren. Neben der Analyse eines Unternehmens als ganzes ist auch die Betrachtung einzelner strategischer Geschäftseinheiten oder bestimmter Produkte möglich. Gerade bei Konglomeraten, die – möglicherweise gar strukturiert über unterschiedliche Tochtergesellschaften – in einer Vielzahl von Märkten in unterschiedlichen Ländern und mit unterschiedlichen Produkt (-gruppen) aktiv sind, bedarf es gegebenenfalls einer entsprechenden Konzentration zur Durchführung der Analyse. In der Praxis ebenfalls relevant ist neben der Analyse des eigenen Unternehmens auch die Analyse fremder Unternehmen. Dabei kann es sich einerseits um Wettbewerber handeln, etwa mit dem Ziel, aus der Analyse Möglichkeiten zur Differenzierung abzuleiten, andererseits aber auch um Unternehmen, deren Geschäftsmodelle nach einem ähnlichen Prinzip wie dem eigenen funktionieren, etwa mit dem Ziel, von diesem Unternehmen zu lernen. Als Herausforderung ist dabei die Identifikation dieser Unternehmen mit einem ähnlichen Geschäftsmodell anzusehen. Hierzu lassen sich entsprechende Systematisierungsansätze nutzen, wie sie in Kap. 5 umfassend vorgestellt werden.

Beispiel: Ähnlich funktionierende Geschäftsmodelle – Bait & Hook

Anschaulich lassen sich nach ähnlichem Prinzip funktionierende Geschäftsmodelle am Beispiel von Bait & Hook („Köder und Haken") erörtern (Abschn. 5.4).

Auf den ersten Blick haben die Geschäftsmodelle von Unternehmen, die Tintenstrahldrucker (z. B. Hewlett-Packard), Rasierer (z. B. Gilette) oder Elektrozahnbürsten (z. B. Oral-B) produzieren und vertreiben, wenig gemeinsam. Insbesondere sind die Unternehmen nicht in der selben Branche aktiv und bedienen völlig unterschiedliche Bedürfnisse.

Gemein ist diesen Geschäftsmodellen jedoch das Prinzip, nach dem sie funktionieren. Alle drei Unternehmen verkaufen zunächst ein – gemessen an den Herstellungskosten – relativ günstiges Basisprodukt (Drucker/Rasierer/Zahnbürste). Der Profit wird erst im Laufe des Kundenlebenszyklus über den Verkauf der dazugehörigen Verbrauchsgüter, den komplementären Produkten (Patronen/Rasierklingen/Bürstenköpfe) generiert.

Diese und andere Systematisierungsmöglichkeiten werden an späterer Stelle ausführlich diskutiert (Kap. 5). ◀

2.2.2   Kommunikation

Die zweite wesentliche Möglichkeit, Geschäftsmodelle zu verwenden, ist die Kommunikation. Dabei kann grundsätzlich zwischen der internen und externen Kommunikation unterschieden werden. In der internen Kommunikation – also mit Mitarbeitern und Führungskräften – können neben dem bestehenden Geschäftsmodell, etwa zur Einarbeitung neuer Mitarbeiter, auch neue Ideen für Geschäftsmodelle, etwa zur Vermittlung von Ideen zur Weiterentwicklung des Unternehmens, kommuniziert werden. In ähnlicher Weise gilt dies auch in der externen Kommunikation, wobei hier die gesamte Breite der Stakeholder potenziell als Zielgruppe infrage kommt.

Die Präsentation eines Geschäftsmodell kann beispielsweise bei der Gewinnung von Investoren für (neue) Geschäftsideen unterstützen. Auch im Bereich der Investor Relations, zum Beispiel im Rahmen eines Jahresabschluss-berichts, finden sich mitunter zusätzlich zu den vor allem an der finanziellen Situation des Unternehmens ausgerichteten Informationen Erörterungen zum Geschäftsmodell.

Bieger und Reinhold (2011, S. 29) verweisen dazu exemplarisch auf den UK Corporate Governance Code, der in aktueller Fassung gleich an mehreren Stellen auf das Geschäftsmodell („business model") eingeht und es somit zu einem festen Bestandteil der Stake- und insbesonder Shareholder-Kommunikation erhebt.

Das Financial Reporting Council fordert in seinem Kodex einerseits den Vor-stand eines Unternehmens auf, die Wertschöpfung (als zentralen Bestandteil des Geschäftsmodells) und explizit auch die Nachhaltigkeit des Geschäftsmodells im Jahresbericht zu erörtern:

> „The board should assess the basis on which the company generates and preserves value over the long-term. It should describe in the annual report how opportunities and risks to the future success of the business have been considered and addressed, the sustainability of the company's business model and how its governance contributes to the delivery of its strategy." (Financial Reporting Council, 2018, S. 4)

Andererseits wird auch der Aufsichtsrat beziehungsweise der Prüfungsausschuss des Verwaltungsrates aufgefordert, den Jahresbericht hinsichtlich einer aus Shareholder-Sicht ausreichenden Kommunikation bezüglich des Geschäftsmodells zu prüfen:

> „The main roles and responsibilities of the audit committee should include: [...] providing advice (where requested by the board) on whether the annual report and accounts, taken as a whole, is fair, balanced and understandable, and provides the information necessary for shareholders to assess the company's position and per-formance, business model and strategy." (Financial Reporting Council, 2018, S. 10)

2.2.3 Planung

Als drittes Anwendungsfeld von Geschäftsmodellen ist die Planung zu nennen. So können Geschäftsmodelle dabei helfen, „neue Geschäftstätigkeiten zu planen und die bestehende Geschäftstätigkeit weiterzuentwicklen" (Bieger & Reinhold, 2011, S. 27). Wie bereits erläutert (Abschn. 2.2.1) können sich Geschäftsmodelle dabei auf die Gesamtunternehmung, aber auch auf einzelne Geschäftseinheiten oder bestimmte Produkte beziehen. Insbesondere können auch bestehende Geschäftsmodelle anderer Unternehmen genutzt werden, um diese weitestgehend zu kopieren und selbst umzusetzen.

Hintergrund: Copycats

Als „Copycat" wird ein Unternehmen bezeichnet, welches das Geschäftsmodell eines anderen Unternehmens weitestgehend kopiert.

Als bekanntestes deutsches Beispiel für das Kopieren von Geschäftsmodellen gilt die Firma Rocket Internet. Das Unternehmen gründet seit 1999 regelmäßig Copycats. Angefangen mit „Alando" (inspiriert von eBay) ist heute das Unternehmen Zalando (inspiriert von Zappos) die wohl erfolgreichste Gründung (Casdorff, 2018). Ausgangsbasis für den Erfolg der zahlreichen Beteiligungen von Rocket Internet sind laut Maier (2015) ein hochgradig standardisierter Gründungsprozess inklusive internationaler Expansionsstrategie und die effektive Nutzung von Synergien über das gesamte Beteiligungsportfolio hinweg.

2.3 Geschäftsmodellanalyse als Prozess

Die Auseinandersetzung mit Geschäftsmodellen ist in Wissenschaft und Praxis seit langem weit verbreitet (Google Trends, 2021; ScienceDirect, 2021). Mit Methoden wie dem Business Model Builder nach Nagl und Bozem (2018, S. 28–30) oder dem unter anderem von Hilbrecht und Kempkens (2013) beschriebenen Design Thinking existieren bereits Ansätze, wie sich gezielt neue Geschäftsmodelle oder Innovationen im weiteren Sinne entwickeln lassen (Kap. 7).

Gleichwohl gibt es bisher noch kein einheitliches, systematisches Vorgehen zur Durchführung einer Geschäftsmodellanalyse. Mit Abb. 2.2 wird deshalb ein einheitlicher, sechsstufiger Prozess vorgeschlagen, der die systematische Durchführung einer Geschäftsmodellanalyse, unabhängig etwa von Branchen, Organisations- oder Rechtsformen, ermöglicht. Der Prozess soll im Folgenden und soweit relevant mit Verweis auf die entsprechenden Stellen dieses Buches kurz vorgestellt werden.

Zu Beginn steht zunächst die Abgrenzung beziehungsweise Definition des zu analysierenden Geschäftsmodells. Wie eingangs erläutert erfordert gerade die Betrachtung großer, diversifizierter Unternehmen mitunter eine klare Konzentration auf einzelne Tochtergesellschaften, Geschäftseinheiten oder Produkte (Abschn. 2.2.1).

Im zweiten Schritt werden die für die spätere Durchführung der Analyse benötigten Daten erhoben, wobei die hier genannten Beispiele gleichzeitig als Priorisierungsvorschlag verstanden werden können. Häufig lassen sich bereits

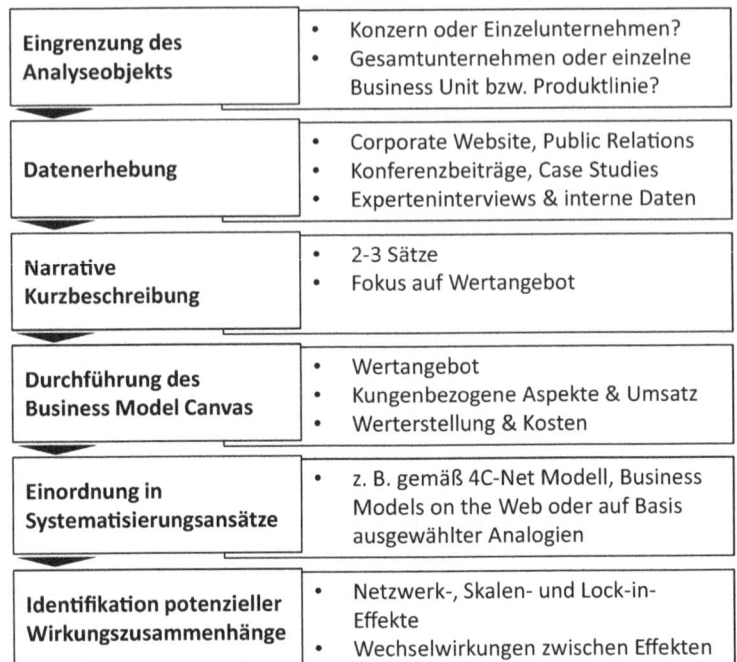

Eingrenzung des Analyseobjekts	• Konzern oder Einzelunternehmen? • Gesamtunternehmen oder einzelne Business Unit bzw. Produktlinie?
Datenerhebung	• Corporate Website, Public Relations • Konferenzbeiträge, Case Studies • Experteninterviews & interne Daten
Narrative Kurzbeschreibung	• 2-3 Sätze • Fokus auf Wertangebot
Durchführung des Business Model Canvas	• Wertangebot • Kungenbezogene Aspekte & Umsatz • Werterstellung & Kosten
Einordnung in Systematisierungsansätze	• z. B. gemäß 4C-Net Modell, Business Models on the Web oder auf Basis ausgewählter Analogien
Identifikation potenzieller Wirkungszusammenhänge	• Netzwerk-, Skalen- und Lock-in-Effekte • Wechselwirkungen zwischen Effekten

Abb. 2.2 Prozess der Geschäftsmodellanalyse

über die Corporate Website sowie Public bzw. Investor Relations, also etwa über Pressemitteilungen, Jahresabschlüsse oder Geschäftsberichte, hinreichend Informationen zur Analyse eines Geschäftsmodells gewinnen.

Auf Basis der erhobenen Daten kann im dritten Schritt zunächst innerhalb weniger Sätze das zu analysierende Geschäftsmodell in narrativer Weise kurz beschrieben werden (Abschn. 2.4). Dabei sollte der Fokus vor allem auf dem Wertangebot des Unternehmens liegen, wobei nicht selten die werblich geprägten Slogans und Mottos, wie sie das Unternehmen selbst formuliert hat, die wesentlichen Grundzüge seines Geschäftsmodells in eingängiger Weise vermitteln.

Wesentlicher Bestandteil der Analyse ist der sich anschließende Business Model Canvas, wobei zunächst das Wertangebot (Value Proposition), dann die kundenbezogenen Aspekte sowie die Umsatzströme auf der rechten Seite und abschließend, links, die Werterstellung und die Kostenstrukturen beschrieben werden (Kap. 0). Die Methode des Business Model Canvas stellt im Ergebnis den umfangreichsten Teil der Analyse dar.

Um das Geschäftsmodell eines Unternehmen nicht nur für sich genommen, sondern es auch im Lichte ähnlicher Geschäftsmodelle betrachten zu können, erfolgt im fünften Schritt die Einordnung gemäß eines oder mehrerer Systematisierungsansätze, wie sie in Kap. 5 beschrieben werden. Diese Einordnung ist insofern ein essentieller Bestandteil der Geschäftsmodellanalyse, als dass sie den Blick auf Unternehmen über die bestehenden Grenzen bestimmter Branchen hinweg weitet, indem die grundlegende Funktionsweise – statt der Branche – eines Unternehmens im Sinne des Geschäftsmodells zur Gruppierung herangezogen wird.

Basierend auf dem aus dem Business Model Canvas abgeleiteten Wissen und den zusätzlichen Erkenntnissen aus der Systematisierung sowie den dabei betrachteten, nach ähnlichen Prinzipien funktionierenden Unternehmen, lassen sich im letzten Schritt potenzielle Wirkungszusammenhänge identifizieren, die für das Unternehmen ein sich selbst beschleunigendes Wachstum bedeuten können. Obwohl die in diesem Buch genannten Netzwerk-, Skalen- und Lock-in-Effekte vor allem in der Internet-Ökonomie zu beobachten sind, lassen sich auch „analoge" Beispiele finden (Kap. 6). Gleichzeitig stellt dieser Teil der Analyse auch einen möglichen Ausgangspunkt für Geschäftsmodellinnovationen dar, etwa um die erwähnten Effekte gezielt herbeizuführen (Kap. 7).

2.4 Einfaches Beispiel

Im Folgenden und vor Einführung eines systematischen Ansatzes zur Beschreibung eines Geschäftsmodells (Kap. 0) soll an einem Beispielunternehmen dessen Geschäftsmodell auf einfache und in narrativer Weise beschrieben werden. Als Beispiel soll hier die deutsche Hotelkette Motel One dienen. Insbesondere bei der Analyse eines Geschäftsmodells aus der externen Perspektive dienen vor allem öffentlich einsehbare Informationen, zum Beispiel Unternehmenswebsite und Zeitungsberichte, als Ausgangsbasis und sind gegebenenfalls zusätzlich um entsprechend abgeleitete Annahmen zu ergänzen (Bieger & Reinhold, 2011, S. 23).

Hintergrund: Motel One
Motel One, gegründet im Jahr 2000, ist eine deutsche Hotelgruppe mit Sitz in München und betreibt derzeit 75 Hotels mit insgesamt mehr als 21.000 Zimmern in zehn Ländern welweit. Unter dem Motto „Like the Price. Love the Design" verspricht das Unternehmen

seinen Kunden eine „einzigartige Kombination aus hochwertiger Ausstattung, exklusivem Design, hohen Servicestandards und erstklassigen innerstädtischen Standorten zu einem attraktiven Preis". Motel One konzentriert sich mit seinem „Budget Design Konzept" auf deutsche und internationale Metropolen (Motel One, 2021).

Ausgangsbasis ist die Definition eines Geschäftsmodells nach Osterwalder und Pigneur (2002), wie sie in Abschn. 2.1 dargelegt wurde. Entsprechend erfordert die Beschreibung des Geschäftsmodells von Motel One Ausführungen zum angebotenen Wert, den Zielkunden, und der zur Schaffung, Vermarktung und Erbringung des Wertes notwendigen Wertschöpfungsarchitektur beziehungsweise dem entsprechend notwendigen Partner-Netzwerk.

Beispiel: Geschäftsmodell von Motel One

Im Beispiel von Motel One verspricht das Unternehmen seinen Kunden eine hochwertig ausgestattete Unterkunft in zentralen Lagen zu einem – daran gemessen – attraktiven Preis *(Wert)*. Die Hotelkette richtet sich damit an preisbewusste Privat- und Geschäftsreisende gleichermaßen. Im Fall der Privatreisenden werden vor allem Städtetouristen angesprochen, die für einen Wochenendtrip in die Metropolen Europas die gute Anbindung, die Nähe zu den relevanten Sehenswürdigkeit und eine hochwertige Unterkunft zu günstigen Preisen schätzen. Die Zielgruppe der Geschäftsreisenden schätzt vor allem die gute Anbindung und möchte das Gefühl einer wertigen Unterkunft genießen, ohne dabei das Reisekostenbudget strapazieren zu müssen *(Zielkunden)*. Insofern sind moderne Gebäude mit einheitlichem Interior-Design in innerstädtischen Lagen zentraler Baustein für die Schaffung und Erbringung des Wertes *(Wertschöpfungsarchitektur)*. Zu den wichtigsten Partnern der Hotelkette dürften neben B2C-Reiseportalen wie booking.com auch auf Geschäftsreisen spezialisierte Vermittler gehören *(Partner-Netzwerk)*. ◄

Diese exemplarische und in Breite und Tiefe überschaubare Beschreibung des Geschäftsmodells von Motel One vermittelt einen ersten Eindruck, wie Geschäftsmodelle von Unternehmen grundsätzlich beschrieben werden können.

Gleichwohl weist diese narrative Form der Geschäftsmodellbeschreibung einige entscheidende Schwächen auf. Mangelnde Übersichtlichkeit und eine schlechte Vergleichbarkeit verschiedener Geschäftsmodelle auf Basis einer Beschreibung im Fließtext lassen diese Form der Geschäftsmodellbeschreibung vor dem Hintergrund möglicher Verwendungszwecke (Abschn. 2.2) ungeeignet erscheinen. Stattdessen erfordert die Beschreibung eines Geschäftsmodells einen systematischen Ansatz, wie den in Kap. 4 vorgestellten Business Model Canvas.

Fazit

Mit einem Geschäftsmodell lässt sich das Wertangebot eines Unternehmens sowie dessen Architektur und Netzwerk von Partnern beschreiben, welches dieses nutzt, um sein Wertangebot zu schaffen, zu vermarkten und zu erbringen, um langfristig am Markt zu bestehen. Neben der Analyse finden Geschäftsmodelle insbesondere in der Kommunikation, zum Beispiel mit (potenziellen) Investoren, sowie der Planung (im Sinne der (Weiter-) Entwicklung einer Geschäftstätigkeit) Verwendung. ◄

Geschäftsmodellanalyse als Teil des Business Model Managements

3

Dieses Kapitel ordnet die Geschäftsmodellanalyse in den Kontext des Business Model Management ein. Dazu wird zunächst der Geschäftsmodell-Lebenszyklus mit seinen unterschiedlichen Phasen, konkret auch am Beispiel des Einzelhandels, aufgezeigt, um so den Bedarf gezielter und aktiv herbeigeführter Veränderungen von Geschäftsmodellen herzuleiten (Abschn. 3.1). Anschließend wird das Business Model Management, dessen Ausgangsbasis die Geschäftsmodellanalyse ist, vorgestellt (Abschn. 3.2; Abb. 3.1).

3.1 Geschäftsmodelllebenszyklus

Das Konzept des Lebenszyklus ist in den Wirtschaftswissenschaften bereits seit vielen Jahren und in unterschiedlichen Ausprägungen bekannt. Erstmals breitere Aufmerksamkeit erfährt das Konzept dank Theodore Levitt im Jahr 1965. In einem Artikel im Harvard Business Review beschreibt Levitt den Lebenszyklus von Produkten im weitesten Sinne in insgesamt vier Phasen (Marktentwicklung, Wachstum, Reife und Rückgang) über einen Zeitraum von sieben Jahren, wobei der mit dem Produkt realisierte Umsatz zunächst nur langsam und dann immer schneller wächst, in der Reife-Phase sein Maximum findet und schließlich langsam zurückgeht (Levitt, 1965). Neben dem Produktmanagement findet sich die Idee eines Lebenszyklus insbesondere auch in Marketing und CRM wieder, etwa im Kundenlebenszyklus (Bruhn, 2010, S. 64; Wirtz, 2016, S. 227).

Entsprechend der Adaption des Produktlebenszyklus auf die Frage der Wertentwicklung von Kunden im Zeitverlauf lässt sich das Konzept auch auf Geschäftsmodelle übertragen. Zu beachten ist, dass es bei der Betrachtung von Geschäftsmodellen im Lebenszyklus nicht in erster Linie um die Betrachtung

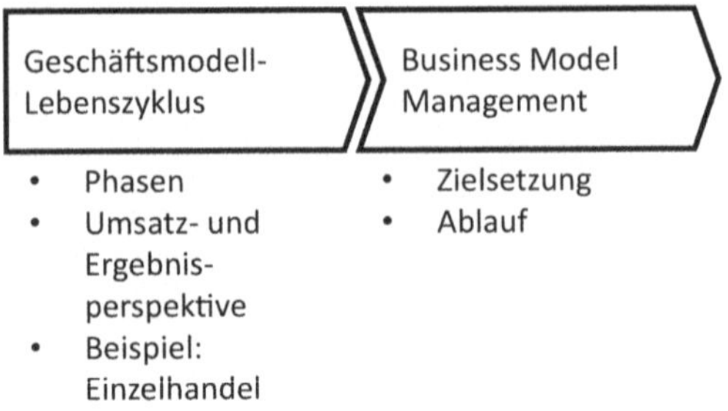

Abb. 3.1 Struktur des
Kap. 3

Geschäftsmodell-Lebenszyklus	Business Model Management
• Phasen	• Zielsetzung
• Umsatz- und Ergebnis-perspektive	• Ablauf
• Beispiel: Einzelhandel	

eines einzelnen, konkreten Unternehmens geht, das ein bestimmtes Geschäfts-modell verfolgt, sondern vor allem um de Betrachtung von Geschäftsmodellen selbst, zunächst unabhängig von den Unternehmen, die dieses Geschäftsmodell verfolgen. Der Geschäftsmodelllebenszyklus liefert deshalb keine Antwort auf die Frage, wo ein Unternehmen in diesem Lebenszyklus steht, sondern vielmehr auf die Frage, ob ein Unternehmen, welches ein bestimmtes Geschäftsmodell ver-folgt, dieses eventuell transformieren muss, weil das Geschäftsmodell dem Unter-nehmen keine Zukunft bietet.

Nagl und Bozem (2018, S. 72 f.) beschreiben den Geschäftsmodelllebens-zyklus in insgesamt fünf Phasen (Tab. 3.1).

In der Einführungsphase eines Geschäftsmodells erzielt dieses zunächst nur sehr geringe Umsätze und erwirtschaftet Verluste. In dieser stark investiven Phase

Tab. 3.1 Phasen des Geschäftsmodelllebenszyklus

Phase	Charakterisierung	Umsatz	Gewinn
Einführung	• Geringe Stückzahlen • Hohes Marketing-Invest • Kaum Bekanntheit	Sehr gering	Negativ/Verlust
Wachstum	• Zunehmende Bekanntheit • Neue Wettbewerber	Langsam wachsend	Break-Even/Wachstum
Reife	• Kampf um Marktanteile • Preisdruck	Stark wachsend	Maximum/Sinkend
Sättigung	• Hoher Wettbewerbsdruck	Maximum/Stagnierend	Sinkend
Degeneration	• Bedarf nach Geschäfts-modellinnovation	Sinkend	Sinkend

Angelehnt an Nagl und Bozem (2018, S. 73)

sind die Kunden vor allem Early Adopter. Bei besonders innovativen Geschäftsmodellen besteht die Herausforderung nicht nur darin, das dahinterstehende Unternehmen bekannt zu machen, sondern auch, das Geschäftsmodell als solches potenziellen Kunden zu erklären. Gleichzeitig lassen sich in dieser Phase noch First-Mover-Advantages realisieren; die ersten Unternehmen, die ein neues Geschäftsmodell verfolgen, sind in der Lage, dieses und somit den gesamten Markt zu prägen.

Beispiel: Streaming als erklärungsbedürftiges Geschäftsmodell

Das Geschäftsmodell des Streamings von Medien, wie es etwa Netflix (Video) oder Spotify (Musik) anbieten, hat einen Paradigmenwechsel bei den Konsumenten erfordert. Entsprechend haben die frühen Vorreiter dieses Geschäftsmodells nicht nur für sich als Unternehmen, sondern auch für eine neue Art im Umgang mit elektronischen Medien werben müssen: Beim Streaming bezahlen Konsumenten nicht mehr für den Besitz eines Filmes oder Musiktitels, sondern für den Konsum beziehungsweise für die Möglichkeit des Konsums. ◄

Die Wachstumsphase ist geprägt von einem langsamen, aber stetigen Wachstum der Umsätze und dem Erreichen des Break-Even-Point. Durch die zunehmede Bekanntheit des Geschäftsmodells wird dieses nun auch von anderen Unternehmen adaptiert und der Wettbewerb nimmt zu. Dabei profitieren die neu hinzukommenden Unternehmen vom Second-Mover-Advantage, indem sie von den bereits am Markt bestehenden Unternehmen lernen, Best Practices adaptieren und Fehler der frühen Phase vermeiden können.

Mit stark wachsendem Umsatz und dem Gewinn am Maximum befindet das ein Geschäftsmodell in der Reifephase. Die Unternehmen kämpfen um Marktanteile und setzen sich zunehmend gegenseitig einem hohen Preisdruck aus. In der Folge beginnt der Gewinn am Ende der Reifephase wieder zu sinken; die Sättigungsphase beginnt. Während die Umsätze nun stagnieren, sinken die realisierten Gewinne weiter.

Schließlich endet der Geschäftsmodelllebenszyklus in der Degenerationsphase. Der nun auch sinkende Umsatz zwingt immer mehr Unternehmen, die das betrachtete Geschäftsmodell verfolgen, dieses zu hinterfragen: Zur Sicherung des Fortbestandes der Unternehmen braucht es in dieser Phase Geschäftsmodellinnnovationen; nun entstehen wieder neue Geschäftsmodelle.

Beispiel: Geschäftsmodellinnovation bei Hilti

„Der Kunde will Löcher und keine Bohrmaschinen" – so beschreibt Emprechtinger (2019) den Paradigmenwechsel der Geschäftsmodellinnovation bei Hilti. Im ursprünglichen Geschäftsmodell hat sich der Werkzeughersteller auf die Herstellung und den Vertrieb von Werkzeugen spezialsiert. Schwächen in puncto Zuverlässigkeit und Kosten seien jedoch den Anforderungen der Kunden nicht hinreichend gerecht geworden, skizziert Emprechtinger (2019). Auch der zunehmende Wettbewerb und der steigende Preisdruck durch günstigere Anbieter aus Fernost dürften das Geschäftsmodell langsam von der Sättigungs- in die Degenerationsphase übergehen lassen haben.

In der Folge hat Hilti sein Geschäftsmodell umgestellt und stärker auf Wartungsverträge fokussiert. So wurde ein Leasing-System für Werkzeuge etabliert. Im Stile der „Servitization", wie sie Vandermerwe und Rada (1988) beschreiben, hat sich das Unternehmen stärker an den Bedürfnissen seiner Kunden ausgerichtet und erwirtschaftet nun statt einmaliger Umsätze aus dem Verkauf von Werkzeug kontinuierlich Erträge aus laufenden Service-Verträgen. ◀

Besonders plastisch lässt sich der vollständige Geschäftsmodelllebenszyklus am Beispiel des Einzelhandels darstellen. Der Einzelhandel gehört nicht nur zu den bedeutendsten Wirtschaftssektoren in Deutschland, sondern nimmt auch bei der Gestaltung von (Innen-) Städten als sozialen Räumen eine wichtige Rolle ein (Deckert & Wohllebe, 2021, S. 39 f.). Insofern ist die Einordnung verschiedener Absatzkanäle des Einzelhandels in den Geschäftsmodelllebenszyklus nicht nur privatwirtschaftlich, sondern auch gesellschaftlich von besonderem Interesse (Abb. 3.2).

In der ursprünglich aus dem Jahr 2012 stammenden Darstellung unterscheidet Eggert grundsätzlich zwischen den neueren, vertriebsorientierten und den älteren, warenorientierten Absatzkanälen des Einzelhandels. Er ordnet die unterschiedlichen vertriebsorientierten Absatzkanäle in der Einführungs- bzw. Wachstumsphase des Geschäftsmodelllebenszyklus ein, während die warenorientierten allesamt in der Degenerationsphase eingeordnet werden (Eggert, 2012).

Das Erreichen der „Alternativkurve", also einem wirtschaftlich erfolgreichen Fortbestehen auch nach der Reife- bzw. Sättigungsphase als Alternative zur Degeneration erfordert gemäß dem Lebenszyklus-Modell entsprechende Geschäftsmodellinnovationen. Mit Blick auf die Absatzkanäle im Einzelhandel hebt Eggert (2012) vier mögliche Ziele solcher Innovationen hervor:

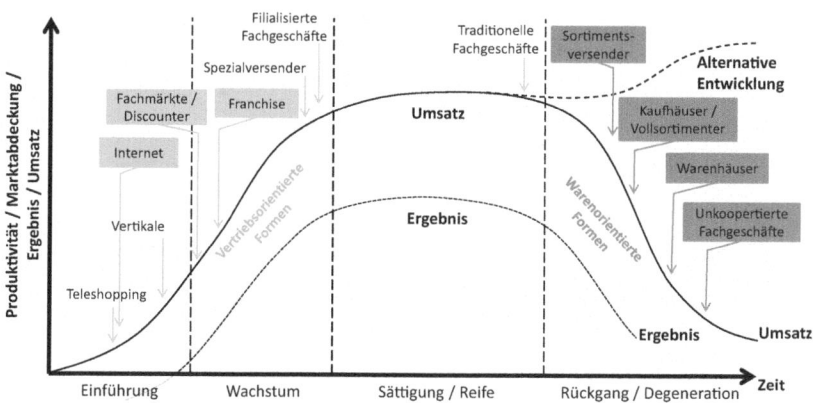

Abb. 3.2 Geschäftsmodelllebenszyklus am Beispiel von Absatzkanälen im Einzelhandel nach Eggert (2012, S. 586), modifiziert entnommen

1. Steigerung der Effizienz
2. Aufbau einer eigenen Marke
3. Entwicklung emotionaler Konzepte
4. Attraktive Preisgestaltung

In der Praxis haben sich seit 2012 viele Einzelhändler den vertriebsorientierten Absatzkanälen, insbesondere dem Internet beziehungsweise E-Commerce zugewandt und so ihr Geschäftsmodell verändert.

3.2 Business Model Management

Aus der Systematik des Geschäftsmodelllebenszyklus heraus ist die Notwendigkeit von Geschäftsmodellinnovationen und insofern auch die Notwendigkeit eines aktiven Managements von Geschäftsmodellen – dem Business Model Management – abzuleiten. Übergeordnetes Ziel des Business Model Management ist laut Wirtz (2020, S. 59 ff.) die langfristige Sicherstellung von Profitabilität und Fortbestand des betrachteten Unternehmens.

Dieses Ziel kann durch insgesamt sechs daraus abgeleitete Prozessschritte erreicht werden (Abb. 3.3):

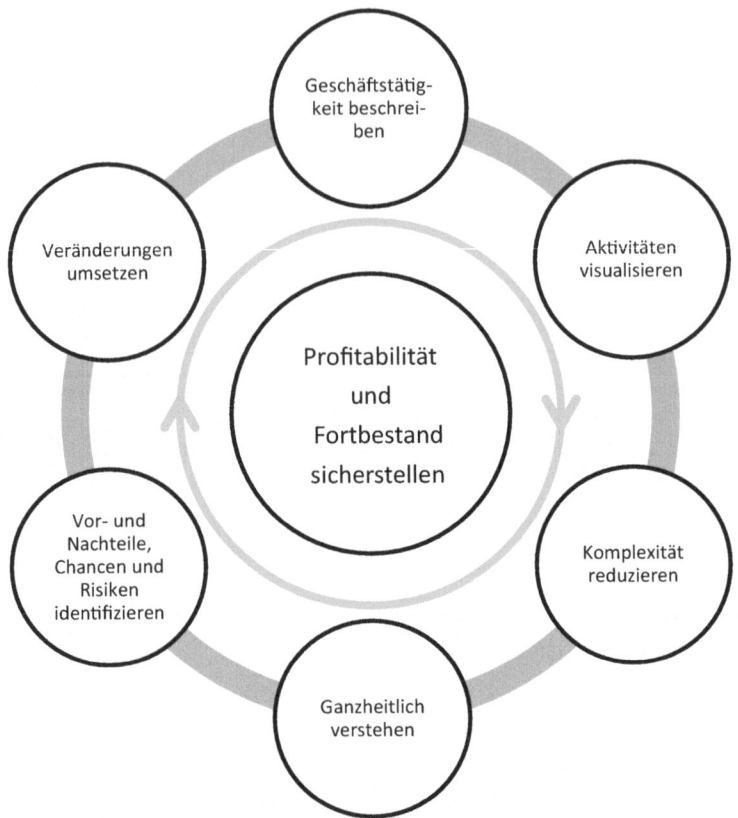

Abb. 3.3 Ziele des Business Model Management. (Angelehnt an Wirtz 2020, S. 60)

1. **Beschreibung der Geschäftstätigkeit** mithilfe eines Geschäftsmodells
2. **Visualisierung der Aktivitäten** mit hohem Abstraktionsgrad
3. **Reduktion der Komplexität** zur Bereitstellung relevanter und aggregierter Informationen zu Prozessen, Ressourcen, Kompetenzen, Finanzen und Wettbewerb
4. **Schaffung eines ganzheitlichen Verständnisses** der Unternehmung und seiner Beziehungen zum Umfeld
5. **Identifikation von Vor- und Nachteilen sowie Chancen und Risiken,** jeweils interner und externer Art, im Sinne einer Bewertung mit dem Ziel der Identifikation von Handlungsfeldern

6. **Umsetzung der Veränderungen** des bestehenden Geschäftsmodells mit dem übergeordneten Ziel der Sicherung von Profitabilität und Fortbestand des Unternehmens

Im Kontext des Business Model Management nimmt die Geschäftsmodellanalyse eine zentrale Rolle ein. Sie stellt ein einheitliches Verständnis der Grundzüge der Wertschöpfung des Unternehmens her und erlaubt somit die Erarbeitung und Diskussion möglicher Weiterenwicklungen. Insofern ist das Geschäftsmodell die Ausgangsbasis des Business Model Management.

Fazit

Geschäftsmodelle sind den ständigen Einflüssen ihrer Umwelt ausgesetzt und können in einer statischen Form nur für eine begrenzte Zeit existieren. Um den Fortbestand eines Unternehmens auch über die Lebensdauer seines derzeitigen Geschäftsmodells hinaus zu sichern, braucht es ein aktives Business Model Management, das das bestehende Geschäftsmodell vor dem Hintergrund der Entwicklungen am Markt stetig hinterfragt und gegebenenfalls weiterentwickelt. ◄

Geschäftsmodellanalyse mit dem Business Model Canvas

4

Ziel des Kapitels ist es, den von Alexander Osterwalder und Yves Pigneur (2010) begründeten Business Model Canvas sowie seine einzelne Bausteine vorzustellen und exemplarisch das Geschäftsmodell von IKEA mit Hilfe dieses Ansatzes zu analysieren. Tatsächlich hat die Wissenschaft im Laufe der Jahre zur Analyse von Geschäftsmodellen entsprechend der Vielzahl an verschiedenen Definitionsansätzen (Abschn. 2.1) auch zahlreiche Arten hervorgebracht, wie Geschäftsmodelle beschrieben werden können. Dazu gehören – neben dem Business Model Canvas – unter anderem die Ansätze vom Stähler (2002, S. 41), Bieger und Reinhold (2011, S. 32 f.), Gassmann (2013, S. 20 f.) sowie Wirtz (2020, S. 37).

Dieses Kapitel fokussiert sich bei der Geschäftsmodellanalyse vollständig auf den Business Model Canvas. Die Methode von Osterwalder und Pigneur (2010) basiert nicht nur auf der umfassendsten Definition eines Geschäftsmodells, wie die Synthese von Nagl und Bozem (2018, S. 13) zeigt (Abschn. 2.1). Gleichzeitig ist der Business Model Canvas in Wissenschaft und Praxis die vielleicht populärste Methode zur Analyse von Geschäftsmodellen (u. a. Braun et al., 2021; Brunner & Wolfartsberger, 2020; Keane et al., 2018; Strulak-Wójcikiewicz et al., 2020) und wurde im Laufe der Zeit auch zum Beispiel zur Beschreibung von neuen Geschäftsmodellen im Kontext der Lean-Startup-Methode nach Eric Ries (2008) als „Lean Canvas" adaptiert (Maurya, 2010, 2012).

4.1 Überblick & Teilaspekte

Der Business Model Canvas beschreibt ein Geschäftsmodell in insgesamt neun Teilaspekten beziehungsweise Dimensionen. Im Zentrum steht, entsprechend der Definition eines Geschäftsmodells nach Osterwalder und Pigneur (2002),

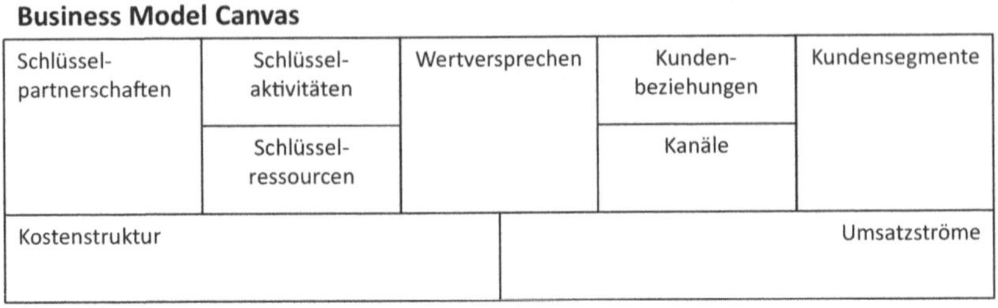

Business Model Canvas

Schlüssel- partnerschaften	Schlüssel- aktivitäten	Wertversprechen	Kunden- beziehungen	Kundensegmente
	Schlüssel- ressourcen		Kanäle	
Kostenstruktur				Umsatzströme

Abb. 4.1 Business Model Canvas nach Alexander Osterwalder. (Übersetzt und modifiziert basierend auf Strategyzer AG/strategyzer.com)

das Werteversprechen. Dieses Werteversprechen verbindet die rechte Seite, die die kundenbezogenen Aspekte und die Umsatzströme beschreibt, und die linke Seite, welche die Frage der Werterstellung und der Kostenstrukturen beantwortet (Abb. 4.1).

Ziel der Geschäftsmodellanalyse mit dem Business Model Canvas muss die Beschreibung eines Unternehmens hinsichtlich aller neun Dimensionen sein, um so ein hinreichend genaues Bild vom Geschäftsmodell des Unternehmens zeichnen zu können. Jede einzelne Dimension lässt sich mittels verschiedener Systematiken, wie sie Osterwalder und Pigneur (2010, S. 20–41) vorschlagen, ebenfalls strukturiert beschreiben.

Bevor der Business Model Canvas im sich anschließenden Kapitel auf das Unternehmen IKEA angewendet wird (Abschn. 4.2), werden im Folgenden zunächst die unterschiedlichen Teilaspekte beschrieben und mögliche Ausprägungen benannt.

4.1.1 Value Proposition

Die Value Proposition beschreibt das aus Produkten und/oder Dienstleistungen bestehende Wertangebot, welches ein Unternehmen seinen spezifischen Kundensegmenten macht. Das Wertangebot zeichnet sich dadurch aus, dass es die bestehenden Probleme der Kunden löst beziehungsweise deren Bedürfnisse befriedigt. Es ist gleichzeitig zentrales Instrument zum Bestehen im Wettbewerb beziehungsweise zur Abgrenzung von diesem. Das Wertangebot kann als Summe der den (potenziellen) Kunden eines Unternehmens angebotenen Mehrwerte verstanden werden (Osterwalder & Pigneur, 2010, S. 22).

Mögliche Ausprägungen der Value Proposition sind vielfältig und können sowohl qualitativer als auch quantitativer Natur sein. Die folgenden Aufzählung stellt dazu eine Auswahl dar. Die Bezeichnungen sind zweisprachig gehalten, da teilweise die englischen Begriffe im Deutschen geläufiger sind als ihre Übersetzungen.

- Zu den vielleicht naheliegendsten Wertangeboten gehört das Angebot von Waren und Dienstleistungen zu einem besonders niedrigen **Preis** oder gar kostenlos. Gleichzeitig hat dieses Wertangebot gegenüber den Kunden umfangreiche Auswirkungen auf den Rest des Geschäftsmodells. Je nach Bereich müssen entsprechend die Wertschöpfungsaktivitäten besonders effizient abgebildet oder andere Umsatzquellen (Abschn. 4.1.5) generiert werden. Populäre Beispiele für preisorientierte Wertangebote finden sich unter anderem in der Luftfahrt, aber auch bei Freemium-Geschäftsmodellen, die ihr Wertangebot in grundlegender Konfiguration kostenfrei anbieten (Abschn. 5.4).
- Ebenfalls zu den klassischen Wertangeboten, etwa im Technologie-Bereich, gehört die Verbesserung der **Performance/Leistung,** wobei sich insbesondere in der Informationstechnologie mit Geschwindigkeitssteigerungen und größeren Speicherkapazitäten vielfältige Beispiele finden lassen.
- Das Wertangebot „**Getting the job done"/Vereinfachung** basiert auf der Idee, sich komplett auf das Kundenbedürfnis zu konzentrieren und Kunden so dabei zu helfen, sich auf den Kern ihres eigenen Geschäftsmodells zu konzentrieren. Das bereits erwähnte Beispiel von Hilti (Abschn. 3.1) steht exemplarisch für dieses Wertangebot und wird von Emprechtinger (2019) so zusammengefasst: „Der Kunde will Löcher und keine Bohrmaschinen".
- Gerade im B2C-Bereich können die von Konsumenten mit einer **Brand/ Marke** assoziierten Werte und Eigenschaften ein Wertangebot darstellen. Gleichzeitig stellt eine Marke ein praktisch kaum zu kopierendes Asset dar und kann bei entsprechender Markenstärke, unabhängig zum Beispiel von Technologie oder Know-How, einen nachhaltigen Wettbewerbsvorteil darstellen (Hollensen & Opresnik, 2010, S. 59–60).
- Auf **Newness/Neuartigkeit** aufbauende Wertangebote befriedigen bisher noch nicht existierende Kundenbedürfnisse. Entsprechende Geschäftsmodelle schaffen nicht selten völlig neue Märkte, wobei neben häufig zitierten technologischen auch andere Beispiele wie das Angebot von nachhaltigen Investment-Möglichkeiten als ein auf Neuartigkeit basierendes Wertangebot betrachtet werden können.
- Zu den vermutlich bekanntesten Wertangeboten zählt aufgrund des in der Lehre vielfach bemühten Geschäftsmodells des US-Technologieunternehmens

Apple dessen überragendes (Produkt-) **Design.** Zu beachten ist, dass das Verständnis von Design als Wertangebot, auch aufgrund der schwierigen Messbarkeit und somit quantitativ kaum gegebenen Vergleichbarkeit, durchaus umstritten ist.

- **Customization/Anpassbarkeit** bietet Kunden die Möglichkeit, die angebotenen Produkte und Dienstleistungen entsprechend ihren individuellen Bedürfnissen anzupassen. Dazu kann beispielsweise die feinteilige Zusammenstellung unterschiedlicher Services, etwa beim Kauf komplexer Investitionsgüter, zählen, aber auch die vollständige Individualisierbarkeit von Produkten, wie es beispielsweise Spreadshirt (sprd.net AG, Leipzig) durch das Bedrucken von Bekleidung und vielen anderen Produkten mit vom Kunden selbst erstellten Designs und Motiven anbietet.
- Auch die Bereitstellung beziehungsweise die Verschaffung eines Zugangs zu Produkten kann ein Wertangebot – das der **Verfügbarkeit/Accessibility** – darstellen. Häufig sind technische Innovationen oder neue Abrechnungsmodelle die Grundlage dieser Wertangebote. Zu den bekanntesten Beispielen können Streaming-Plattformen wie Netflix oder Spotify gezählt werden. Statt jeden einzelnen Film beziehungsweise Song kaufen zu müssen, bezahlen Kunden hier für die (digitale) Verfügbarkeit der Medien.

Beispiel: NetJets – Verfügbarkeit durch Teileigentum

Mit dem Konzept des Teileigentums („Shared Ownership") ist Verfügbarkeit seit 1986 zentraler Bestandteil der Value Proposition des Charter- und Flugzeugmanagementunternehmens NetJets. Gegründet 1964 in den USA verfügt NetJets heute über eine Flotte von rund 100 Flugzeugen alleine in Europa und mehr als 760 Flugzeugen weltweit. Mit dem Erwerb eines Anteils an einem Flugzeug ermöglicht NetJets sowohl vermögenden Privatkunden, die sich keinen eigenen Privatjet leisten wollen, als auch Geschäftskunden, die die hohe Flexibilität (etwa bei spontanen Verschiebungen von Geschäftsterminen) schätzen, den Zugang zur privaten Luftfahrt (Abschn. 4.1.2).

Mit diesem Konzept des Teileigentums, das auch als Fraktionalisierung bezeichnet werden kann (Abschn. 5.4), profitieren Kunden einerseits „von der unmittelbaren Verfügbarkeit [...] eines eigenen Jets, ohne sich um die Komplexität des Betriebs und versteckten Aufwand Gedanken machen zu müssen" (NetJets, 2021). Dazu gehören unter anderem die Unterhaltung und Wartung des Flugzeugs, die Einstellung und regelmäßige Schulung von Flugpersonal sowie die Anmietung eines Hangars.

Das Versprechen der unmittelbaren Verfügbarkeit der Flugzeuge für ihre Teileigentümer kann als integraler Bestandteil der Value Proposition von NetJets angesehen werden. Der garantierte Zugriff auf die größte Privatflugzeugflotte der Welt ohne Positionierungskosten, die Buchungsvorlaufzeit von lediglich 10 h und die mögliche Bereitstellung weiterer Flugzeuge aus der gesamten Flotte auf Anfrage gewähren den Kunden ein hohes Maß an Flexibilität und das Gefühl, jederzeit den Luxus und Komfort eines Premium-Privatjets genießen zu können, ohne sich dabei um den Betrieb kümmern zu müssen.

Zum Flexibilitätsversprechen gehört auch das Anfliegen abgelegenerer Orte sowie kleinerer Stadtflughäfen, die von größeren Verkehrsflugzeugen mitunter gar nicht oder nur mit mehrfachem Umsteigen erreicht werden können. Zusätzlich bietet NetJets mit einem 24 h und 365 Tagen im Jahr zur Verfügung stehenden Team ein hohes Maß an persönlichem Service (Abschn. 4.1.4). ◄

Als weitere verbreitete Wertangebote nennen Osterwalder und Pigneur (2010, S. 25) unter anderem die Möglichkeit zur Kosteneinsparung/Cost Reduction sowie die Risikominimierung/Risk Reduction, wie sie zum Beispiel von Versicherungen jeglicher Art angeboten wird, die gegen einen definierten Betrag zum Beispiel die Haftungsrisiken übernehmen.

4.1.2 Customer Segments

Im Bereich der Customer Segments wird im Business Model Canvas beschrieben, welche Kunden ein Unternehmen mit seinen Produkten und Dienstleistungen erreichen möchte, wem also die Value Proposition angeboten wird. Diese Zielkunden lassen sich einerseits in einer aggregierten Betrachtung charakterisieren und andererseits in verschiedene Segmente unterteilen. Während im Marketing die Unterteilung von Kunden in verschiedene Segmente häufig zum Beispiel auf Basis sozio-demographischer oder Verhaltensdaten erfolgt, schlagen Osterwalder und Pigneur (2010, S. 20) vor, die Zielkunden eines Unternehmens im Sinne des Business Model Canvas in unterschiedliche Segmente zu unterteilen, wenn...

- ihre Bedürfnisse ein spezifisches Angebot erfordern,
- sie über verschiedene Vertriebskanäle erreicht werden,
- unterschiedliche Arten der Beziehungspflege erfordern,
- stark in der (zu erwartenden) Profitabilität variieren

- oder eine stark heterogene Zahlungsbereitschaft für das Wertangebot ausweisen.

Im Folgenden werden verschiedene Segmentierungsansätze, wie sie Osterwalder und Pigneur (2010, S. 21) vorgeschlagen, vorgestellt. Teilweise werden Beispiele aus der Praxis zur Veranschaulichung genannt.

- **Massenmarkt:** Die Ausrichtung eines Geschäftsmodells auf den Massenmarkt impliziert stark ähnliche Bedürfnisse aller Zielkunden, aber auch eine homogene Zahlungsbereitschaft und wenig Spielraum für unterschiedliche Profitabilität innerhalb der Kundengruppe. Insofern sind Wertangebot, Vertriebskanäle und Beziehungspflege für alle Kunden ähnlich. Als Beispiele nennen Osterwalder und Pigneur (2010, S. 20) den Markt für Unterhaltungsbeziehungsweise Haushaltselektronik. Obgleich natürlich in beiden Märkten auch Potenziale für Premium-Produkte existieren, wird ein Großteil des Angebots jeweils am Massenmarkt ausgerichtet.
- **Nischenmarkt:** Vor allem im B2B und insbesondere im Bereich der Zulieferer finden sich Unternehmen, die ihr Geschäftsmodell auf einzelne Nischen ausgerichtet haben. Wertangebot, Vertriebswege und die Pflege der Kundenbeziehungen sind in hohem Maße auf die spezifischen Bedürfnisse der jeweiligen Nische zugeschnitten. Teilweise haben Unternehmen, die sich mit ihrem Angebot an einen Nischenmarkt richten, mitunter überhaupt nur eine Hand voll potenzieller Abnehmer.

Beispiel: Dataport als IT-Dienstleister im Nischenmarkt

Als spezielles Beispiel für die Bedienung eines Nischenmarktes kann das Unternehmen Dataport angesehen werden. Als Anstalt des öffentlichen Rechts bietet Dataport IT-Dienstleistungen für die öffentliche Verwaltung an. Die klar abgegrenzte Kundengruppe (öffentliche Verwaltung), das hochspezialisierte Wertangebot (IT-Dienstleistungen bei Kenntnis der spezifischen Prozesse und Rahmenbedingungen der Kundengruppe) sowie die Vertriebswege (Vergabe von Aufträgen auf Basis der spezifischen Modalitäten der öffentlichen Hand) sprechen für ein in einer (großen) Nische agierendes Unternehmen.

Dataport wurde 2004 gegründet, hat rund 4000 Mitarbeiter an acht Standorten und erzielte 2020 einen Umsatz von voraussichtlich rund 900 Mio. € (Dataport, 2021). ◄

- **Segmentierung:** Bei der segmentierten Betrachtung der Zielkunden eines Geschäftsmodells wird die Kundenbasis aufgrund leicht unterschiedlicher Bedürfnisse in mehrere Gruppen aufgeteilt. Daraus können sich, je nach Einzelfall, unterschiedlich starke Auswirkungen auf Wertangebot, Vertriebskanäle, Beziehungspflege und Umsatzströme ergeben. So sind beispielsweise die Bedürfnisse von Privatkunden im Banking im Prinzip ähnlich (Geld anlegen oder leihen), jedoch führen deutliche Vermögensunterschiede – und damit auch deutliche Unterschiede im Ertragspotenzial – in der Praxis zur Unterscheidung zwischen „einfachen" Privatkunden, vermögenden Privatkunden („Private Banking") und Geschäftskunden und damit auch zu starken Unterschieden insbesondere bei der Pflege der Kundenbeziehungen.

- **Diversifizierung:** Gerade in Konzernen mit einem diversifizierten Produkt- und Dienstleistungsportfolio können sich Kundengruppen mit völlig unterschiedlichen Bedürfnissen herausbilden. Entsprechend erfordert die Betrachtung eines solchen Geschäftsmodells auch die diversifizierte Betrachtung der Zielkunden. Als populärstes Beispiel gilt vermutlich das US-Techunternehmen Amazon, welches einerseits Privatkunden einen Online-Shop zur Verfügung stellt, andererseits mit den Amazon Web Services anderen Unternehmen jeder Art Cloud Computing Services – also die flexible Buchung von Rechenleistung und Datenspeicher – anbietet. Die jeweiligen Zielkunden sind dabei vollkommen unterschiedlich. Wertangebot, Vertriebskanäle oder die Pflege der Kundenbeziehung sind kaum vergleichbar.

▶ **Tipp: Analyse von Geschäftsmodellen mit diversifiziertem Kundenportfolio** Die Betrachtung eines Unternehmens mit diversifiziertem Kundenportfolio erhöht die Komplexität der Geschäftsmodellanalyse mithilfe des Business Model Canvas deutlich. Nicht nur vor dem Hintergrund der Übersichtlichkeit des Canvas, sondern auch mit Blick auf eine hinreichende Detailtiefe kann es hilfreich sein, die Geschäftsmodellanalyse entsprechend auf einen bestimmten Teilbereich des zu betrachtenden Unternehmens zu beschränken (Abschn. 2.2.1).

Einen Spezialfall bei der Betrachtung der Kundensegmente stellen Plattformen beziehungsweise sogenannte two-sided markets dar, die gerade im Rahmen der Internetökonomie deutlich an Relevanz gewonnen haben. Diese Geschäftsmodelle zeichnen sich dadurch aus, dass sie zwei (oder mehr) unterschiedliche Kundengruppen – häufig Anbieter und Nachfrager – zusammenbringen, die sich, für sich genommen, jedoch stark voneinander unterscheiden. Als Beispiele werden häufig Online-Marktplätze wie zum Beispiel Amazon oder eBay bemüht, die jeweils eine Plattform bereitstellen, auf der vor allem Händler und Konsumenten zusammengebracht werden. Solche Plattformen müssen jeweils beide Kundensegmente betrachten und im Geschäftsmodell einerseits ein Wertangebot für die Händler und andererseits eines für die Konsumenten verankern.

4.1.3 Channels

Mit den Channels werden jene Kanäle beschrieben, die ein Unternehmen nutzt, um sein Wertangebot an die definierten Kunden zu kommunizieren. Dies schließt Marketing- und Vertriebskanäle gleichermaßen ein, wobei Osterwalder und Pigneur (2010, S. 26) als Anforderung an die Relevanz definieren, dass der jeweilige Kanal die Kundenerfahrung auch maßgeblich beeinflussen muss. Über die Kanäle…

- …generiert ein Unternehmen Aufmerksamkeit bei potenziellen (Neu-) Kunden,
- …transportiert es sein Wertangebot,
- …ermöglicht den Kauf seiner Produkte und Dienstleistungen beziehungsweise die Nutzung seines Wertangebots,
- …und bietet seinen Kunden nach dem Kauf After-Sales-Services an.

Als Orientierung für mögliche hierbei zu berücksichtigenden Kanäle in der Geschäftsmodellanalyse mit dem Business Model Canvas kann beispielsweise eine strukturierte Betrachtung entsprechend dem AIDA-Modell (Attention, Interest, Desire, Action) oder eine Customer Journey Analyse dienen.

Zusätzlich zu einer Phasen-basierten Unterscheidung (zum Beispiel nach AIDA) schlagen Osterwalder und Pigneur (2010, S. 27) zudem eine Unterscheidung entsprechend des Einflusses des Unternehmens auf diese Kanäle vor (Tab. 4.1).

Tab. 4.1 Systematisierung von Channels

	Direkt	Indirekt
Eigene	Vertrieb, Online-Shop	Eigenes Filialnetz
Partner	–	Partner-Filialnetz, Großhandel

Angelehnt an Osterwalder und Pigneur (2010, S. 27)

Neben der reinen Auflistung bestehender Kanäle, mit denen das zu ana-lysierende Unternehmen zu oben genannten Zwecken seine Kunden erreicht, erlaubt die Analyse der Channels auch vertiefende Betrachtungen. Welche bisher noch nicht genutzten Kanälen aus Kundensicht zusätzlich relevant sein könnten und inwiefern die genutzten Kanäle aufeinander abgestimmt aigeren, sind dabei zentrale Fragestellungen. Gerade die Nutzung indirekter, durch Partner betriebene Kanäle (Tab. 4.1) bedeutet in der Regel neben einem verringerten Maß an Kontrolle auch eine Verringerung der Marge (zugunsten der Partner), ermöglicht Unternehmen aber auf der anderen Seite deutlich schnellere und weniger risiko-reiche Expansionen, weil Kosten und Risiken in der Operative auf Partner verteilt beziehungsweise verlagert werden können.

4.1.4 Customer Relationships

Der Teilaspekt der Customer Relationships widmet sich der Frage, wie ein Unter-nehmen in seinem Geschäftsmodell die Beziehungen zu den definierten Customer Segments pflegt. Diese Teilanalyse sollte einerseits die Beziehungen zur Akquise neuer Kunden und andererseits zur Pflege bestehender Kunden berücksichtigen. Für jede Kundengruppe kann eine eigene Form der Beziehungspflege existieren.

Osterwalder und Pigneur (2010, S. 28) machen darauf aufmerksam, dass sich die Art der Beziehungspflege je nach Phase des Lebenszyklus, in dem sich ein Geschäftsmodell (Abschn. 3.1) befindet, verändern kann. Insbesondere komplett neue Geschäftsmodelle mit einem hohen Erklärungsbedarf können in frühen Phasen des Lebenszyklus eine intensivere, persönliche Beziehungspflege erfordern, die sich vor allem auf die Akquise der ersten Kunden konzentriert, die das Leistungsangebot als Early Adopter nutzen.

Die Pflege von Kundenbeziehungen lässt sich in sechs Kategorien unter-teilen, deren Bandbreite von der individuellen Betreuung durch einen dedizierten Kundenbetreuer über die Automation des Beziehungsmanagements bis hin zur aktiven Beteiligung der Kunden an der Wertgenerierung (Co-Creation) reicht (Tab. 4.2).

Nicht zwangsläufig muss sich die Pflege der Customer Relations auf nur eine der in Tab. 4.2 genannten Formen beschränken. In der Praxis ist häufig ein Mix verschiedener Formen zu finden, wobei einerseits die Kundenbedürfnisse, andererseits aber auch Überlegungen zur Kosteneffizienz zu berücksichtigen sind.

Tab. 4.2 Formen zur Pflege der Customer Relations im Überblick

Individuell	Persönlich	Self-Service
• Ein Mensch als dedizierter Ansprechpartner (z. B. „Key Account Manager") • Langfristiger Aufbau einer Kundenbeziehung • V. a. im B2B und bei vermögenden Kunden	• Menschen als Ansprechpartner • Z. B. am Point-of-Sale, per Telefon, Chat oder E-Mail	• Keine direkte Kundenbeziehung • Bereitstellung von Informationen und Tools zur „Selbsthilfe"
Automatisiert	**Community**	**Co-Creation**
• Wie Self-Service • Starker Fokus auf Automation basierend auf Kundendaten • Z. B. Produktempfehlungen auf Basis vorausgegangener Käufe	• Aufbau einer (Online-) Community • Austausch der Kunden untereinander sowie zwischen Unternehmen und Kunden	• Aktive Beteiligung der Kunden am Wertschöpfungsprozess • Z. B. durch User-Generated Content oder Einbeziehung in Produktentwicklung

Angelehnt an Osterwalder und Pigneur (2010, S. 29)

Beispiel: Pflege der Customer Relations in der Praxis am Beispiel des E-Commerce

Verdeutlicht werden kann der Mix von Formen zur Pflege der Customer Relations am Beispiel des (B2C-) E-Commerce. Viele und insbesondere große Online-Shops pflegen ihre Kundenbeziehungen gleich auf vier Arten:

- **Automatisiert:** Individuell zugeschnittene Online-Werbung auf Basis von Verhaltens- und Transaktionsdaten; automatisierte Bereitstellung transaktionsrelevanter Informationen (z. B. Bestellbestätigung, Zahlungserinnerung, Versandbestätigung, Retourenlabel) per E-Mail
- **Self-Service:** Bereitstellung transaktionsrelevanter Information im Login-Bereich des Online-Shops; Beantwortung häufig gestellter Fragen in einem FAQ-Bereich
- **Community:** Möglichkeit zur Abgabe von öffentlich einsehbaren Produktbewertungen
- **Persönlich:** Angebot einer telefonischen Hotline, eines Online-Chats, eines Online-Kontaktformulars sowie einer Service-E-Mail-Adresse für spezielle Anliegen, die auf vorher genannten Wegen nicht – vom Kunden selbst – gelöst werden konnten

(Anmerkung: Im Fall von durch Kunden erstellte Produktbewertungen in einem Online-Shop sind Community und Co-Creation nicht trennscharf.) ◄

4.1.5 Revenue Streams

Im Feld der Revenue Streams werden im Business Model Canvas die wesentlichen Umsatzströme eines Geschäftsmodells gesammelt und charakterisiert. Neben der Frage, ob, womit und wie genau ein Geschäftsmodell Umsätze generiert, hinterfragt dieser Teilaspekt der Geschäftsmodellanalyse auch, ob die definierten Customer Segments das Wertangebot nicht nur schätzen, sondern ob auch tatsächlich eine Zahlungsbereitschaft besteht.

Grundsätzlich schlagen Osterwalder und Pigneur (2010, S. 30–33) vor, zwischen einmaligen und wiederkehrenden Umsätzen zu unterscheiden. Neben dieser Charakterisierung lassen sich die Umsatzströme auf Basis verschiedener Quellen, auf Basis der Transaktionsabhängigkeit beziehungsweise der Einbeziehung Dritter sowie auf Basis unterschiedlicher Mechanismen der Preisgestaltung unterscheiden.

Tab. 4.3 zeigt verschiedene Umsatzquellen im Überblick und charakterisiert diese kurz.

Die genannten Umsatzquellen legen eine Unterscheidung nach zwei Dimensionen nahe. Erstens können Umsätze transaktionsabhängig beziehungsweise –unabhängig sein und zweitens können sie direkt, also ohne Involvierung einer dritten Partei, oder indirekt, das heißt unter Beteiligung einer dritten Partei, zustande kommen. Die Umsatzquellen von Osterwalder und Pigneur (2010, S. 31 f.) lassen sich auf diese Erlösmodellsystematik nach Wirtz (2010, S. 215 f.) übertragen und entsprechend einordnen (Tab. 4.4).

Die Einordnung der Subscription Fees und Einnahmen aus Licensing kann durchaus kritisch diskutiert werden. Einerseits kann der Abschluss eines Abonnements beziehungsweise die Erteilung einer Lizenz als Transaktion als solches bewertet werden, was für die Einordnung als transaktionsabhängige Umsatzquellen spricht. Andererseits bedingen sowohl der Abschluss eines Abonnements als auch einer Lizenzvereinbarung nicht unbedingt, dass die bezahlte Möglichkeit zur Nutzung auch tatsächlich in Anspruch genommen wird, was für transaktionsunabhängige Umsatzquellen spräche, wie Wirtz (2010, S. 216) am Beispiel von Einrichtungsgebühren – also etwa einer mit Vertragsabschluss fällig werdenden Pauschale für ein initiales Setup – und Grundgebühren – einer zum Beispiel monatlich fälligen Zahlung für die Bereitstellung eines Services unabhängig von der tatsächlichen Nutzung – zeigt.

Tab. 4.3 Umsatzquellen im Überblick

Asset Sale (Verkauf)	Umsatz aus dem klassischen Verkauf eines Wirtschaftsgutes und den entsprechenden Eigentumsrechten
Usage Fee (Nutzung)	Nutzungsabhängige Berechnung von Gebühren, wobei mit stärkerer Nutzung auch der Umsatz steigt
Subscription Fee (Abonnement)	Verkauf eines Abonnements bzw. einer Mitgliedschaft, unabhängig von der Intensität der tatsächlichen Nutzung eines Produkts bzw. einer Dienstleistung
Lending/Renting/Leasing (Vermietung)	Zeitweise Überlassung eines Wirtschaftsgutes zur alleinigen Nutzung durch den Mieter/ Pächter gegen eine im Wesentlichen am Zeitraum orientierte Gebühr
Licensing (Lizensierung)	Berechnung einer Lizenzgebühr für die Nutzung von (in der Regel) geistigem Eigentum wie Medien, Patenten oder Marken
Brokerage Fee (Vermittlung)	Umsatz aus der Vermittlung einer Transaktion zwischen zwei Parteien, häufig auf Basis des Transaktionswertes, z. B. bei Immobilienmaklern
Advertising (Werbung)	Einnahmen aus der Monetarisierung von Werbeflächen, v. a. im Bereich der Medien bzw. von Content- (Abschn. 5.2.1) oder Context- (Abschn. 5.2.3) Geschäftsmodellen

Angelehnt an Osterwalder und Pigneur (2010, S. 31 f.)

Tab. 4.4 Erlösmodellsystematik nach Wirtz

	Direkte Erlösgenerierung	Indirekte Erlösgenerierung
Transaktionsabhängig	• Asset Sale • Usage Fee • Lending/Renting/Leasing • (Subscription Fee) • (Licensing)	• Brokerage Fee
Transaktionsunabhängig	• (Subscription Fee) • (Licensing)	• Advertising

Angelehnt an Wirtz (2010, S. 215 f.)

In der Praxis kombinieren Geschäftsmodelle häufig verschiedene Umsatzquellen beziehungsweise Erlösemodelle.

Beispiel: Kombination von Umsatzquellen bzw. Erlösmodellen in der Telekommunikation

Besonders anschaulich lässt sich die Kombination verschiedener Umsatzquellen und Erlösmodelle am Beispiel der Telekommunikationsbranche darstellen. Möchte ein Kunde einen Internet- und Festnetzvertrag bei einem Anbieter abschließen, zahlt er häufig zunächst eine einmalige Bereitstellungsgebühr (transaktionsunabhängig) und wird häufig noch aufgefordert, einen Router dazu zu kaufen (Asset Sale) oder zu mieten (Lending/Renting/Leasing). Pro Monat wird nun eine feste Gebühr (Subscription Fee) berechnet, unabhängig davon, wie viel der Kunde das Internet tatsächlich nutzt. Wird darüber hinaus ein nicht in der Flat-Rate enthaltener Service, etwa das Telefonieren ins Ausland, genutzt, werden abhängig von der Nutzung zusätzliche Gebühren (Usage Fee) fällig. ◄

Bei der konkreten Preisgestaltung können grundsätzlich zwei Arten von Mechanismen unterschieden werden. Bei der festen Preisgestaltung werden Preise auf Basis statischer Variablen vorab definiert, während bei der dynamischen Preisgestaltung Preise laufend dem Markt angepasst werden. Tab. 4.5 listet beispielhaft unterschiedliche feste und dynamische Preisgestaltungsmechanismen.

Tab. 4.5 Feste und dynamische Preisgestaltungsmechanismen

Feste Preisgestaltung	Dynamische Preisgestaltung
Listenpreise mit fest definierten Preisen	**Verhandlungs**basierte Preisfindung
Preise auf Basis des genutzten **Funktionsumfangs eines Produkts**	Ertragsoptimierte Preisgestaltung auf Basis von **Lagerbestand** oder **Kaufzeitpunkt**
Unterschiedliche Preise je **Kundensegment** bzw. je **Kunde**	**Echtzeit-**Preise auf Basis von Angebot und Nachfrage
Mengenabhängige Preisgestaltung mit sinkenden Preisen bei steigender Abnahmemenge	Nachfragebasierte Preisfindung durch Gebote im Rahmen von **Auktionen**

Angelehnt an Osterwalder und Pigneur (2010, S. 33)

4.1.6 Key Resources

Mit den Key Resources werden die Schlüsselressourcen beschrieben, welche zentral für die Erstellung und Erbringung des Wertangebotes sind. Je nach Geschäftsmodell und Branche können diese Schlüsselressourcen sehr unterschiedlich sein. Folgende Auflistung liefert Impulse, welche Arten von Ressourcen als Schlüsselressourcen in Frage kommen können (Osterwalder & Pigneur, 2010, S. 35).

- **Physisch:** Physische Ressourcen meinen zum Beispiele Produktionsstätten, Gebäude, Fahrzeuge oder Maschinen. Gerade produzierende Unternehmen (Produktionsstätten, Maschinen) oder Unternehmen der Logistikbranche (Fahrzeuge, Lager), aber auch der Einzelhandel (Gebäude) sind in hohem Maße auf physische Ressourcen bei Werterstellung und -erbringung angewiesen.
- **Intellektuell:** Zu den bekanntesten intellektuellen Ressourcen gehören Patente (Technologie) und Urheberrechte (Medien) sowie Wissen im weiteren Sinne. Daneben können auch eine bestehende Kundendatenbank oder etablierte Partnerschaften, die für die Werterstellung und –erbringung zentral sind, zu den intellektuellen Schlüsselressourcen eines Geschäftsmodells gezählt werden.
- **Menschlich:** Gerade in kreativen Bereichen sowie bei Geschäftsmodellen, die in hohem Maße auf Wissen basieren, können Mitarbeiter eine Schlüsselressource menschlicher Art darstellen. Dies gilt zum Beispiel für die im Vertrieb eines Unternehmens beschäftigen Mitarbeiter, wenn der Vertrieb ein hohes Maß an spezialisiertem Wissen erfordert oder auf langjährigen, individuell gepflegten Kundenbeziehungen (Abschn. 4.1.4) beruht.
- **Finanziell:** Auch die finanzielle Ausstattung eines Unternehmens oder die Fähigkeit, finanzielle Mittel in hohem Maße beschaffen zu können, kann eine Schlüsselressource für das betrachtete Geschäftsmodell darstellen.

Bei der Betrachtung der Key Resources im Rahmen der Geschäftsmodellanalyse ist zu beachten, dass es sich nicht um eine um intellektuelle und menschliche Ressourcen erweiterte Auflistung des Anlagevermögens handelt, sondern der Fokus auf jenen Ressourcen liegt, die von zentraler Bedeutung für die Erstellung und Erbringung des Wertangebotes sind. Insbesondere eine reflexartige, mitunter dem Zeitgeist entsprungene Klassifizierung von Mitarbeitern als Schlüsselressource ist kritisch zu hinterfragen, etwa, wenn sich die durch die Mitarbeiter zu verrichtenden Schlüsselaktivitäten zur Leistungserstellung innerhalb weniger Stunden Einarbeitung erlernen lassen.

4.1.7 Key Activities

Die Key Activities beschreiben die für die Erstellung des Wertangebots essenziellen Schlüsselaktivitäten. Orientierung bietet dabei, ähnlich wie bei den Schlüsselressourcen, die Frage, welche Aktivitäten für die Erstellung und Erbringung des Wertangebots zentral sind. Osterwalder und Pigneur (2010, S. 37) schlagen drei verschiedene Arten von Aktivitäten vor.

Die Produktion gehört zu den Schlüsselaktivitäten der fertigenden Industrie und meint alle Prozesse, die für den Entwurf, die Herstellung und die Auslieferung eines Produktes notwendig sind. Je nach analysiertem Unternehmen können einzelne Teile der Produktion abhängig von der Value Proposition von größerer Relevanz sein, etwa, wenn das Design als ein wesentlicher Bestandteil des Wertangebots angesehen wird (Abschn. 4.1.1).

Insbesondere im Dienstleistungsbereich kann die Problemlösung als Schlüsselaktivität angesehen werden. Hieraus ergibt sich beispielsweise für Unternehmensberatungen, die in hohem Maße auf menschliche Ressourcen angewiesen sind, der Bedarf nach Knowledge Management sowie Weiterbildung, um das Wertangebot konstant auf einem hohem Niveau erbringen zu können.

Basiert ein Geschäftsmodell auf der Bereitstellung einer Plattform, auf der, wie etwa im Fall von eBay, Anbieter und Nachfrager, zusammengebracht werden, sind der Betrieb und die Weiterentwicklung dieser Plattform als Schlüsselaktivität anzusehen.

4.1.8 Key Partners

Auch die in verschiedenen Konstellationen geschlossenen Partnerschaften eines Unternehmens können für die Funktionsfähigkeit eines Geschäftsmodells von essentieller Bedeutung sein. Grundsätzlich lassen sich drei Motivationen für das Eingehen von Partnerschaften unterscheiden:

1. Optimierung und Skalierungsvorteile
2. Reduktion von Risiken und Unsicherheiten
3. Beschaffung von Ressourcen und Aktivitäten

Die wohl gängigste Form der Partnerschaft ist die klassische Einkäufer-Lieferanten-Beziehung. Im Kontext der Geschäftsmodellanalyse sind solche Beziehungen als Schlüsselpartnerschaften anzusehen, wenn sie maßgeblich zur

Beschaffung der zuvor identifizierten Key Resources oder Key Activities beitragen.

Im Rahmen von strategischen Allianzen von nicht miteinander im Wettbewerb stehenden Unternehmen geht es vor allem darum, Ressourcen miteinander zu teilen. Die beteiligten Unternehmen behalten dabei ihr Geschäftsmodell im Wesentlichen bei und profitieren jeweils für sich genommen durch neue Optimierungsmöglichkeiten und die Reduktion von Risiken.

Davon abzugrenzen ist das Joint Venture als deutlich verbindlichere, in der Regel langfristig angelegte und sich häufig in der Gründung eines neuen Unternehmens manifestierenden Partnerschaft. Die beteiligten Unternehmen bringen jeweils Ressourcen und Kompetenzen ein, um mit dem Joint Venture ein neues Unternehmen aufzubauen.

Coopetition, zusammengesetzt aus Cooperation (Zusammenarbeit) und Competition (Wettbewerb) ist eine eher neuere Form der Partnerschaften. Dabei kooperieren eigentlich im Wettbewerb stehende Unternehmen für einen bestimmten Zweck und häufig über einen begrenzten Zeitraum miteinander, um zum Beispiel auf Basis der Kombination ihrer jeweiligen Ressourcen in einem frühen Stadium ein neues Produkt zu entwickeln. In der Praxis finden sich zahlreiche erfolgreiche auf Coopetition basierende Partnerschaften, wie zum Beispiel die gemeinsame Entwicklung des Blu-Ray Standards durch verschiedene, in Teilen in Konkurrenz zueinander stehende Unternehmen der Unterhaltungselektronik (Osterwalder & Pigneur, 2010, S. 38 f.). Auch in der Wissenschaft wird Coopetition als eine vielversprechende Form der Zusammenarbeit eingeschätzt (Sindakis et al., 2019).

Beispiel: Coopetition im Fussball

Das Prinzip der Coopetition findet sich auch im Profi-Fussball wieder. Nach Schilhaneck (2008, S. 77–79) kann die Leistungserstellung von Fussball-Clubs als eine Form der Coopetition betrachtet werden. Im Rahmen einer Fussball-Liga setzen alle Clubs zunächst ihre eigenen Produktionsfaktoren ein, um ihre sportliche Wettbewerbsfähigkeit herzustellen. Gleichzeitig besteht das Wertangebot eines Fussball-Clubs offenkundig nicht im Training, sondern ganz wesentlich in der Ausrichtung eines sportlichen Wettbewerbs mit einem beziehungsweise mehreren anderen Clubs, also im Rahmen eines Spiels beziehungsweise eines Turniers oder einer Liga.

Die Ausrichtung solcher sportlicher Wettbewerbe erfordert in hohem Maße die Zusammenarbeit der eigentlich in Konkurrenz zueinander stehenden Fussball-Clubs. Schilhaneck (2008, S. 79) resümiert dazu:

„Es ist folglich festzuhalten, dass die Ligaebene im Teamsport eine weitere, nachgelagerte Produktions- bzw. Wertschöpfungsstufe bedeutet. Die Einzelleistungen der partizipierenden Fußballunternehmen werden dabei in weiteren Kombinationsschritten zu einem komplexen Produktionssystem zusammengefasst." ◄

4.1.9 Cost Structure

Analog zu den bereits diskutierten Revenue Streams (Abschn. 4.1.5) berücksichtigt der Business Model Canvas auch die Kostenstrukturen eines Geschäftsmodells. Da es auch hier um die Herstellung eines Verständnisses für das betrachtete Geschäftsmodell und nicht um die präzise Aufstellung sämtlicher anfallender Kosten geht, lassen sich die Kostenstrukturen nach abschließender Analyse der Schlüsselpartnerschaften und insbesondere der Schlüsselaktivitäten und Schlüsselressourcen erarbeiten.

Die Analyse der Cost Structure sollte drei Aspekte berücksichtigen:

1. Klassifizierung des Geschäftsmodells als kosten- oder wertorientiert
2. Benennung wesentlicher Kosten unter Zuhilfenahme verschiedener Einteilungskriterien von Kostenarten
3. Identifikation wesentlicher Effekte zur Kostensenkung

Eingehend kann es hilfreich sein, sich vor Augen zu führen, dass viele Geschäftsmodelle ähnlich dem aus der allgemeinen Betriebswirtschaftslehre bekannten ökonomischen Prinzip, welches klassischerweise zwischen dem Minimalprinzip – vorgegebenes Ergebnis bei zu minimierendem Aufwand – und dem Maximalprinzip – zu maximierendes Ergebnis bei vorgegebenem Aufwand – unterscheidet, entweder eher als kosten- oder eher als wertorientiert betrachtet werden können.

In diesem Sinne versuchen kostenorientierte Geschäftsmodelle vor allem, ihre Kosten zu minimieren, etwa durch die Standardisierung von Services oder die in hohem Maße durch Self-Service und Automatisierung geprägte Pflege der Kundenbeziehungen. Häufig gehört ein niedriger Preis – etwa im Fall von

Tab. 4.6 Kostenarten im Überblick

Nach Funktionen	Nach Produktions-faktoren	Nach Verrechnung	Nach Konstanz
• Beschaffung • Herstellung • Lagerhaltung • Marketing & Vertrieb • Verwaltung	• Material • Betriebsmittel • Personal • Kapital	• Einzelkosten • Gemeinkosten	• Variable Kosten • Fixkosten • Sprungfixe Kosten

Lebensmitteldiscountern oder Billigfluglinien – zu den zentralen Bestandteilen des Werteversprechens.

Dem gegenüber stehen wertorientierte Geschäftsmodelle, die ihren Kunden ein hohes Service-Level bieten und stärker auf kundenindividuelle Wünsche eingehen. Die Value Proposition wertorientierter Geschäftsmodelle ist häufig stark auf Kunden ausgerichtet, die Premium-Produkte und -Dienstleistungen wünschen.

Zur Benennung der wesentlichen Kosten eines Geschäftsmodells liefert die aus der Kosten-Leistungsrechnung bekannte Unterteilung verschiedener Kostenarten Hinweise zur Erarbeitung der Kostenstruktur eines Geschäftsmodells (Tab. 4.6).

Bei der Identifikation der wesentlichen Kostenarten eines Unternehmens bestehen teils starke Unterschiede je nach Branche. Während im Bereich der Dienstleistungen häufig das eingesetzte Personal als wesentlicher (fixer) Kostenblock zu benennen ist, spielt im produzierenden Gewerbe vor allem die Frage des Verhältnisses zwischen fixen und variablen Kosten eine zentrale Rolle. Im stationären Einzelhandel wiederum sind die einzelnen Filialen der vielleicht wichtigste Bestandteil der Kostenstruktur. Gleichzeitig bieten solche bekannten – und an dieser Stelle recht einfach zusammengefassten – Kostenstrukturen auch entscheidendes Potenzial für neue Geschäftsmodelle, die es beispielsweise schaffen, Dienstleistungen ohne hohe Personalfixkostenanteile an der Gesamtkostenstruktur anzubieten.

Beispiel: Vermittlung von Reinigungsdienstleistungen

Bereits seit 2012 vermittelt Helpling in mittlerweile mehr als 10 Ländern weltweit Reinigungskräfte. Über die gleichnamige Online-Plattform können (vornehmlich Privat-) Kunden einen Reinigungsauftrag mit wenigen Klicks ausschreiben und anschließend zwischen verschiedenen Reinigungskräften wählen. Während klassische Reinigungsunternehmen für ihr operatives Geschäft eigene Mitarbeiter in Festanstellung beschäftigen und insofern in hohem Maße auf eine kontinuierlich hohe Auslastung zur Deckung ihrer Personalfixkosten angewiesen sind, vermittelt Helpling „selbstständige Dienstleister, die über die Helpling-Plattform Buchungsanfragen [...] erhalten" (Helpling, 2021).

In diesem Sinne erfüllt Helpling einerseits das Bedürfnis seiner Kunden nach Sauberkeit, kann jedoch, weil das Geschäftsmodell auf der Vermittlung, nicht aber auf der unmittelbaren Erbringung von Reinigungsdienstleistungen basiert, auf hohe Personalfixkosten und die damit verbundenen unternehmerischen Risiken eines Reinigungsunternehmens mit vor allem festangestellten Mitarbeitern verzichten.

Lediglich der Vollständigkeit halber sei angemerkt, dass entsprechend dem Geschäftsmodell von Helpling stattdessen andere Kosten, insbesondere für Marketing und Vertrieb sowie für den Betrieb der Plattform (Abschn. 4.1.7), von deutlich größerer Relevanz sein dürften als bei klassischen Reinigungsunternehmen und das Unternehmen Reinigungsdienstleistungen eben nicht selbst erbringt, sondern lediglich vermittelt. ◄

Zur Analyse der Kostenstruktur eines Geschäftsmodells gehört, abseits der Betrachtung einzelner Kostenarten, auch die Identifikation von potenziellen Hebeln, die langfristig vorteilhaft auf die Entwicklung von Kosten wirken können. Im Folgenden soll dazu kurz das Prinzip der Skalen- und Verbundeffekte sowie der Dichtevorteile erörtert werden.

- **Skaleneffekte/Economies of Scale:** Steigt die produzierte Menge eines Produkts, sinkt rechnerisch der Anteil der Fixkosten je produziertem Einzelstück. Diese Fixkostendegression beschreibt die Realisierung von Skaleneffekten und lässt sich unter anderem durch Technisierung und Automatisierung oder durch Mengenrabatte beim Einkauf von Materialien und Rohstoffen erreichen.
- **Verbundeffekte/Economies of Scope:** Während sich Skaleneffekte aus der Erhöhung der Produktionsmenge eines Produkts ergeben, werden Verbundeffekte durch die Produktion verschiedener Produkte generiert, indem sich Ressourcen wie zum Beispiel Maschinen (Abschn. 4.1.6) nicht nur für die Produktions eines, sondern für die Produktion gleich mehrerer Produkte nutzen lassen. Die Erzielung von Verbundeffekten steht in engem Zusammenhang mit der Nutzung von Synergien.
- **Dichtevorteile/Economies of Density:** Dichtevorteile werden von Unternehmen erzielt, die von einer räumlichen Nähe ihrer Nachfrager profitieren. Ein anschauliches Beispiel stellen viele Speditionen dar, die sich auf bestimmte Länder oder Regionen spezialisiert haben und mit einer einzigen

Tour von einer in eine andere Region Aufträge für mehrere Kunden gleichzeitig durchführen können, während eine Spedition, die nicht auf diese Regionen spezialisiert ist, mit der Bewältigung der selben Strecke schlechtestenfalls nur einen einzigen Auftrag durchführt.

4.2   Beispielhafte Anwendung

Nach ausführlicher Diskussion des Business Model Canvas soll die Methode im Folgenden in allen Aspekten am Beispiel eines einzelnen Unternehmens angewandt werden. Aufgrund seiner weltweiten Bekanntheit und den zahlreichen öffentlich verfügbaren Informationen in entsprechender Flughöhe wird der Business Model Canvas für den multinational agierenden Einrichtungskonzern IKEA durchgeführt.

Hintergrund: IKEA
IKEA wurde 1943 als Versandhandelsunternehmen in Schweden gegründet und ist heute ein multinational operierender Einzelhandelskonzern (IKEA, 2021f). Seit 1974 ist das Unternehmen auch in Deutschland aktiv und betreibt hier mittlerweile mehr als 50 Standorte mit rund 18.000 Mitarbeitern.

Im Geschäftsjahr 2020 setzte IKEA alleine in Deutschland 5,325 Mrd. € um. Alleine IKEA Food erzielte dabei einen Umsatz von rund 190 Mio. €. Die deutschen Einrichtungshäuser wurden insgesamt 82,3 Mio. mal besucht, die Online-Auftritte von IKEA in Deutschland rund 360 Mio. mal aufgerufen. In Deutschland gibt es rund 11,5 Mio. IKEA Family Mitglieder (IKEA, 2021b).

Als Vision hat es sich IKEA zum Ziel gesetzt „den vielen Menschen einen besseren Alltag zu schaffen" und will dazu „ein breites Sortiment formschöner und funktionsgerechter Einrichtungsgegenstände zu Preisen anbieten, die so günstig sind, dass möglichst viele Menschen sie sich leisten können" (IKEA, 2021e). Passend dazu titelte IKEA auf seinem ersten in Deutschland ausgegebenen Katalog im Jahr 1974: „Wer jung ist, hat mehr Geschmack als Geld. Deshalb sind wir in München" (IKEA, 2021d).

Die Grundlage dieser Preispositionierung legte bereits Ingvar Kamprad, Gründer von IKEA:

„Warum werden schöne Produkte nur für wenige Käufer hergestellt? Es muss möglich sein, schönes Design und gute Funktion zu niedrigen Preisen anzubieten." (IKEA, 2021c)

Die IKEA Stores werden in einem Franchise-System mit zwölf Franchise-Nehmern betrieben, wobei IKEA-Franchise-Partner 3 % Franchise-Gebühr bezahlen (Ingka, 2021). Franchise-Geber und Eigentümer des IKEA-Konzepts ist die Inter IKEA Systems B. V., die auch das Copyright an der deutschen IKEA-Website hält (IKEA, 2021b). Im Impressum wird die IKEA Deutschland GmbH & Co. KG geführt (IKEA, 2021h).

Zunächst wird der Business Model Canvas entsprechend Abb. 4.1 ausgefüllt. Die diesbezüglich notwendigen Informationen sind praktisch vollständig öffentlich direkt über IKEA, zum Beispiel in Form von Pressemitteilungen oder Geschäftsberichten, abrufbar (Abb. 4.2). An das Schema des Business Model Canvas angeschlossen erfolgen darüber hinaus einige Ausführungen entsprechend den möglichen Ausprägungen der vorgestellten Teilaspekte (Abschn. 4.1). Zu beachten ist, dass das vorliegende Beispiel keinen Anspruch auf Vollständigkeit erheben kann und, abseits der angegebenen Quellen, auf eigenen Einschätzungen aufbaut.

Bereits der Kern der Value Proposition von IKEA – funktionale Möbel in skandinavisch-modernem Design zu günstigen Preisen – deckt gleich zwei Aspekte, Design und Preis, der beschriebenen möglichen Ausprägungen dieses Teilaspekts ab. Darüber hinaus bietet der Einrichtungskonzern ein einzigartiges, typisches Einkaufserlebnis, das mit den gelben Tüten (zur Nutzung im Store) und der Kinderbetreuung im Småland beginnt und sich über die Teelichter in der Markthalle bis zum abschließenden Hot Dog im Bistro erstreckt.

Mit seinem Wertangebot lässt sich die Zielgruppe IKEAs als „preisbewusster Massenmarkt" charakterisieren, wobei neben – insbesondere jungen – Familien und Studierenden zunehmend auch kleinere Unternehmen zu den wesentlichen Kundensegmenten gezählt werden können: Neben Büromöbeln bietet IKEA mittlerweile auch einen speziellen Service für Geschäftskunden an, um mit Beratung, Bestellung, Lieferung und Montage bei der Büroeinrichtung zu unterstützen (IKEA, 2021g).

Den verschiedenen Customer Segments wird die Value Proposition vor allem auf zwei Wegen angeboten: Physisch werden Kunden vor allem über das von den Franchise-Nehmern betriebene Filialnetz mitsamt dem Gastronomie-Angebot erreicht. Aufgrund der starken Konsistenz des Markenerlebnisses über alle IKEA-Stores hinweg fällt eine Eingruppierung als eigenes oder als von Partnern betriebenes Filialnetz schwer. Als digitale (direkte) Channels sind vor allem die Website inklusive Online-Shop sowie die IKEA-App zu nennen.

Die Pflege der Kundenbeziehungen (Customer Relationships) beinhaltet zwei wesentliche Aspekte: Mit der IKEA Family Card bietet das Unternehmen einerseits eine Art Kundenkarte, die Vorteile und Vergünstigungen gewährt. Mit rund 11,5 Mio. IKEA Family Mitgliedern dürfte das Kundenbindungsprogramm zu den größten in Deutschland gehören und bietet dem Unternehmen ein großes Potenzial zur werblichen (und auf Basis des Kaufverhaltens und anderer Daten vorzugsweise automatisierten) Ansprache seiner Kunden. Darüber hinaus setzt IKEA in hohem Maße auf standardisierte Prozesse und Self-Service: Computer-Terminals zeigen die Regalplätze der Waren an, Kunden können die selbst in

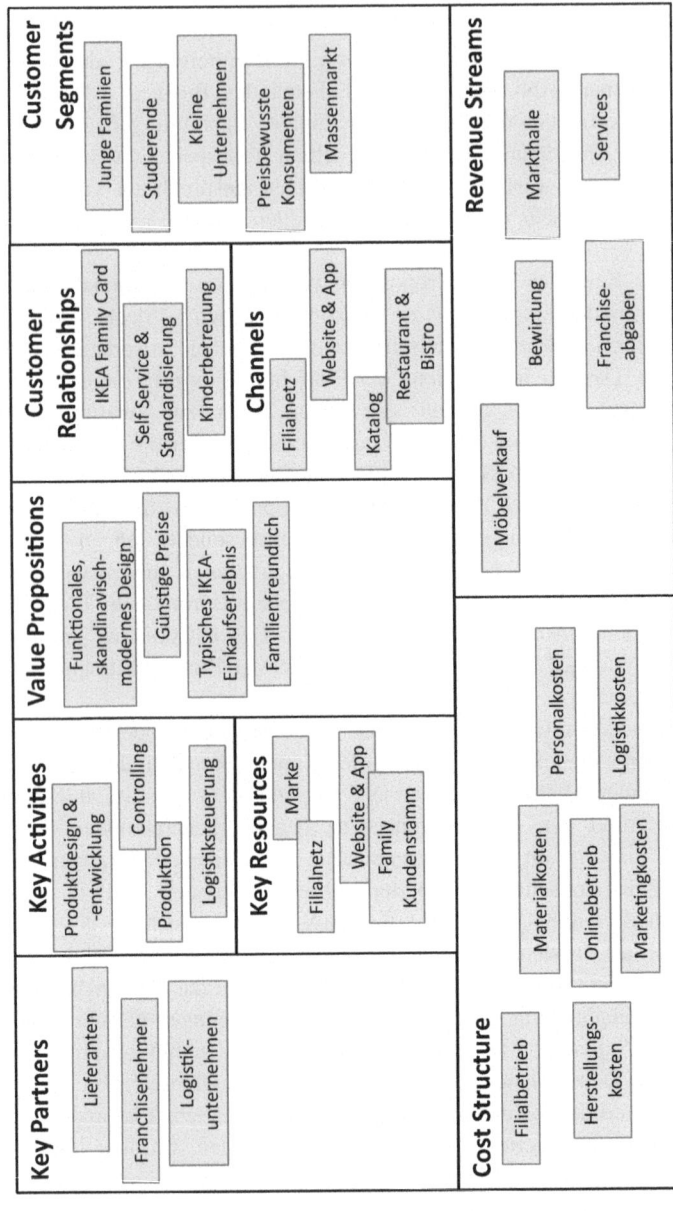

Abb. 4.2 Business Model Canvas am Beispiel IKEA. (Eigene Recherche, Schema basierend auf Strategyzer AG/strategyzer.com)

ihren Einkaufswagen verladene Ware an Self-Scan-Kassen erfassen und bezahlen und auch der Montage-Service spielt vermutlich bei den meisten Einkäufen kaum eine Rolle. Ausnahmen von der starken Self-Service-Ausrichtung bilden beispielsweise die Service-Schalter im Bereich hinter den Kassen sowie die persönliche Küchenberatung.

Bezüglich der Revenue Streams im Geschäftsmodell von IKEA beziehen sich die Ausführungen im Folgenden vor allem auf die Franchise-Nehmer-Perspektive. Wesentlich sind die Umsätze aus dem Möbelverkauf beziehungswiese den sonstigen verkauften Produkten, insbesondere aus der Markthalle. Neben diesen Umsätzen aus dem Asset Sale ergeben sich zudem Umsätze aus Serviceleistungen. Die Preisgestaltung basiert vor allem auf festgesetzten (Listen-) Preisen, wobei Kunden mit IKEA Family Karte für einzelne Produkte Rabatte erhalten. Aus der Franchise-Geber-Perspektive sind die Franchisegebühren als wesentlicher Revenue Stream zu nennen. Diese basieren auf dem erzielten Umsatz des jeweiligen Franchise-Nehmers und können insofern vor allem als Umsätze aus Licensing verstanden werden (Ingka, 2021).

Bezüglich der Werterstellung, die im linken Teil des Business Model Canvas beschrieben wird, werden zunächst die Key Resources betrachtet. Insbesondere zu nennen ist dabei als intellektuelle Ressource die Marke des Unternehmens: IKEA ist seit Jahren die bekannteste Möbelmarke in Deutschland; die Deutschen „lieben" IKEA regelrecht, wie Schimmel (2017) im Online-Magazin FOCUS schreibt. Auch die 11,5 Mio. IKEA Family Mitglieder stellen als (namentlich bekannter und werblich adressierbarer) Kundenstamm eine wichtige Key Resource dar. Darüber hinaus muss zweifelsfrei auch das Filialnetz des Möbelkonzerns, gelegen in der Regel an hoch frequentierten Autobahnabfahrten mit ausreichend Parkmöglichkeiten, als physische Schlüsselressource angesehen werden. Sowohl die Website als auch die App sind zudem technisch-intellektuell bedeutende Assets, die für die Erbringung (und weniger für die Erstellung) des Wertangebots von hoher Bedeutung sind.

Zu den Schlüsselaktivitäten (Key Activities) zählen insbesondere das Produktdesign sowie die Produktentwicklung und die eigentliche Produktion. Alle drei Aktivitäten sind für die Value Proposition eines funktionalen, skandinavisch-modernen Designs essentiell. In Verbindung mit dem Versprechen niedriger Preise sind auch die Logistiksteuerung und das Controlling als Key Activities zu verstehen.

Key Partners von IKEA sind beispielsweise Lieferanten und Logistikunternehmen. Während Lieferanten – offenkundig – vor allem der Beschaffung von Ressourcen und Aktivitäten dienen, lassen sich über als Dienstleister beschäftigte Logistikunternehmen zum Beispiel Schwankungen bei der Absatzmenge – und insofern Unsicherheiten – einfacher abfedern als bei einer komplett selbst betriebenen und damit im Wesentlichen als Fixkosten zu verbuchenden Lieferkette. Aus Franchise-Geber-Perspektive sind zudem die Franchisenehmer Schlüssel-partner, da diese einerseits eine entsprechende Skalierung ermöglichen, wesentliche unternehmerische Risiken tragen und, wieder aus Franchise-Geber-Perspektive, so zur Risikoreduktion beitragen.

Unter anderem auf Basis der Value Proposition sowie der insgesamt starken Self-Service-Orientierung kann das beispielhaft betrachtete Geschäfts-modell von IKEA eher als kosten- denn als wertorientiert klassifiziert werden. Bei der Betrachtung der Cost Structure gehören zu den für das Geschäfts-modell wichtigsten Kosten vor allem alle mit der Herstellung beziehungs-weise Beschaffung der Handelsware verbundenen Kosten sowie jene Kosten, die mit dem Betrieb der Stores sowie der Logistikkette verbunden sind. Gerade die Kosten für den Betrieb eines Stores können, bei gesamtunternehmerischer Betrachtung unabhängig der Franchise-Geber- beziehungsweise –Nehmer-Perspektive als sprungfixe Kosten betrachtet werden, während der Betrieb des Onlineangebots im Wesentlichen als Fixkostenblock betrachtet werden kann.

Abschließend ist die zentrale Bedeutung der für das IKEA-Geschäftsmodell genutzt Hebel zu betonen: Durch die großen Absatzmengen kann IKEA in hohem Maße Skaleneffekte realisieren, während die Verwendung gleicher Bauteile in unterschiedlichen Produkten zusätzlich die Realisierung von Verbundeffekten erlaubt.

Fazit

Die vorausgegangene Analyse mit dem Business Model Canvas lässt einer-seits lediglich eine Betrachtung des Geschäftsmodells von IKEA in relativ großer Flughöhe zu. Andererseits erfordert sie, gerade im Fall eher bekannter Unternehmen, verhältnismäßig wenig Recherche-Aufwand, um das zu ana-lysierende Geschäftsmodell in seinen Grundzügen schnell zu erfassen beziehungsweise dessen wesentliche Bestandteile zu charakterisieren. ◄

Systematisierung von Geschäftsmodellen

5

Mithilfe von Geschäftsmodelltaxonomien und –typologien lassen sich Geschäftmodelle auf Basis gemeinsamer Elemente und Wirkungsweisen klassifizieren, gruppieren und so miteinander vergleichen. Dieser Ansatz erlaubt die Identifikation von Unternehmen auch und insbesondere abseits des ansonsten häufig genutzten Kriteriums der gleichen Branchenzugehörigkeit und bietet insofern mitunter völlig neue – nämlich auf dem Geschäftsmodell eines Unternehmens basierende – Perspektiven. Insofern ist die Systematisierung von Geschäftsmodellen auf Basis verschiedener Ansätze ein essentieller Bestandteil der Geschäftsmodellanalyse.

▶ **Achtung: Taxonomie versus Typologie** Eine Taxonomie klassifiziert Geschäftsmodelle auf Basis realer empirischer Beobachtungen. Die Klassen einer Typologie dagegen beruhen auf theoretisch-konzeptionellen Überlegungen (Baden-Fuller & Morgan, 2010; Bieger & Reinhold, 2011, S. 27). Die in diesem Kapitel eingeführten Systematisierungsansätze sind mitunter nicht eindeutig als Taxonomie oder Typologie zu bezeichnen. Der Begriff wird im Folgenden nicht trennscharf verwendet.

Laut Bieger und Reinhold (2011, S. 27) eignen sich Geschäftsmodelltaxonomien auch, um auf Basis der Geschäftsmodellanalyse eines besonders erfolgreichen Unternehmens mit einem bestimmten Geschäftsmodelltypen Aussagen über Best Practices abzuleiten, welche sich auch auf alle anderen Unternehmen mit einem Geschäftsmodell desselben Typs übertragen lassen. Gerade bei der Transformation des eigenen Geschäftsmodells entsprechend eines bekannten

© Der/die Autor(en), exklusiv lizenziert durch Springer Fachmedien Wiesbaden GmbH, ein Teil von Springer Nature 2022
A. Wohllebe, *Geschäftsmodelle systematisch analysieren*,
https://doi.org/10.1007/978-3-658-36258-4_5

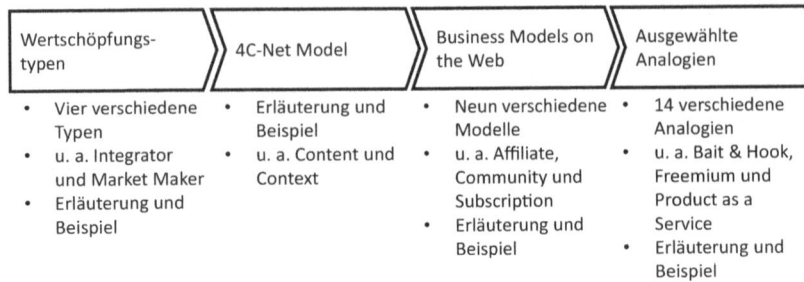

Wertschöpfungs-typen	4C-Net Model	Business Models on the Web	Ausgewählte Analogien
• Vier verschiedene Typen • u. a. Integrator und Market Maker • Erläuterung und Beispiel	• Erläuterung und Beispiel • u. a. Content und Context	• Neun verschiedene Modelle • u. a. Affiliate, Community und Subscription • Erläuterung und Beispiel	• 14 verschiedene Analogien • u. a. Bait & Hook, Freemium und Product as a Service • Erläuterung und Beispiel

Abb. 5.1 Struktur des Kap. 5

Geschäftsmodelltyps können derartig abgeleitete Best Practices aus anderen Branchen übertragen werden und so zur Planung der Ausgestaltung eines neuen Geschäftsmodells beitragen.

In der Kommunikation bietet die Verwendung von Geschäftsmodell-taxonomien insofern Vorteile, als dass die Benennung vergleichbarer Beispiele die mitunter kompliziert zu vermittelnde Funktionsweise eines Geschäftsmodells deutlich vereinfachen kann. Gleichzeitig lassen sich so auch mögliche strategische Überlegungen oder bekannte Herausforderungen schnell auf Basis ähnlich funktionierender und bereits bekannter Geschäftsmodelle vermitteln.

Ziel des Kapitels ist es deshalb, verschiedene Ansätze zur Systematisierung von Geschäftsmodellen zunächst vorzustellen und anschließend jeweils mithilfe einzelner, kurzer Beispiele praktisch zu vermitteln. Insgesamt werden vier Ansätze zur Systematisierung vorgestellt, die in Teilen aufeinander aufbauen oder Schnittmengen aufweisen. Neben einem eher klassischen, auf der Wertschöpfungskette nach Porter aufbauenden Ansatz, wie ihn unter anderem Wirtz (2020, S. 83 ff.) verwendet, und einem relativ generischen Ansatz mit ausgewählten Analogien, wie er sich bei Bieger und Reinhold (2011, S. 61) mit Verweis auf Johnson (2010) findet, werden dazu auch zwei weitere, für die Internet-Ökonomie entwickelte Ansätze von Wirtz (2010, S. 220–324) beziehungsweise Rappa (2004) vorgestellt (Abb. 5.1).

5.1 Wertschöpfungstypen

Zwei wesentliche Elemente der Beschreibung eines Geschäftsmodells sind der Wert, den ein Unternehmen seinen Kunden anbietet, und die Frage, wie es diesen Wert erschafft. Die Frage, wie ein Unternehmen mit seinem Geschäftsmodell

Abb. 5.2 Wertschöpfungstyp Integrator. (Basierend auf Wirtz 2020, S. 90)

innerhalb einer beziehungsweise mehrerer Wertschöpfungskette(n) positioniert ist, stellt deshalb einen möglichen, wenn auch in der Literatur eher selten aufgegriffenen Ansatz dar, um Geschäftsmodelle zu systematisieren.

Zum besseren Verständnis für diesen Typologisierungsansatz kann es hilfreich sein, sich das gesamte (produzierende) Wirtschaftssystem als ein großes Gebilde zahlreicher sowohl parallel laufender als auch in Reihe geschalteter Wertschöpfungsketten vorzustellen, wobei die einzelnen in diesem System agierenden Unternehmen jeweils Teile dieser Wertschöpfungsketten bearbeiten.

5.1.1 Integrator

Der Integrator kann als klassische Form der Wertschöpfung angesehen werden und deckt die gesamte wie zum Beispiel von Porter ursprünglich dargestellte Wertschöpfungskette, also mit allen Wertschöpfungsstufen, ab. Dieser Wertschöpfungstyp erlaubt ein hohes Maß an Kontrolle, da alle Wertschöpfungsstufen direkt zum Unternehmen gehören. Durch die Vorwärts- beziehungsweise Rückwärtsintegration vorgelagerter und nachgelagerter Wertschöpfungsstufen können Integrator-Unternehmen zudem ihre Abhängigkeit insbesondere von Zulieferern deutlich verringern. Dadurch sind Integrator in der Lage, das Produkt ihrer Wertschöpfung in der Regel sehr kostengünstig anzubieten (Wirtz, 2020, S. 90) (Abb. 5.2).

Beispiel: Novartis – Integrator

Als Beispiel für einen Integrator kann laut Wirtz (2020, S. 90) der international tätige Pharmakonzern Novartis mit Sitz in der Schweiz herangezogen werden. Das Unternehmen bietet verschreibungspflichtige Medikamente und Generika an und setzt dabei in hohem Maße auf starke Integration entlang der gesamten Wertschöpfungskette. So gehören zur Novartis AG unter anderem ein eigenes biomedizinisches Forschungsinstitut (Novartis Institutes for BioMedical Research), eine Organisation zur Beaufsichtigung des Entwicklungsprozesses neuer Medikamente (Global Drug Development Organisation) sowie eigene Fertigungskapazitäten (Novartis Technical

Operations) und, vor allem für administrative Arbeiten, die Novartis Business Services (Novartis AG, 2021). So ist Novartis in der Lage, einen Großteil der Wertschöpfung ab dem Einkauf der Rohstoffe selbst abzubilden und ist bis hin zum Vertrieb an den Großhandel in seinen Kernprozessen nur von wenigen Dienstleistern abhängig. ◀

5.1.2   Layer Player

Unternehmen, die als Layer Player agieren, haben sich auf eine bestimmte Wertschöpfungsstufe spezialisiert und sind in der Lage, den Wert dieser einzelnen Stufe in mehreren Wertschöpfungsketten zu erbringen, die diese Stufe enthalten, ohne dabei jedoch auf eine bestimmte Wertschöpfungskette – zum Beispiel eine einzelne Branche – spezialisiert oder beschränkt zu sein. Diese Spezialisierung auf eine einzelne Wertschöpfungsstufe ermöglicht Layer Playern den Aufbau von großem Know-How in dieser Stufe und versetzt diese so in die Lage, in hohem Maße Skalierungseffekte zu realisieren (Wirtz, 2020, S. 90) (Abb. 5.3).

Beispiel: Salesforce – Layer Player

Mit der Sales Cloud bietet das US-amerikanische Unternehmen Salesforce eine Cloud-basierte Software zur Unterstützung des Kundenbeziehungsmanagements (CRM) an. Mit dieser funktionalen Fokussierung, die im Prinzip von allen Unternehmen unabhängig von zum Beispiel Branche oder geographischem Fokus genutzt werden kann, kann die Sales Cloud als Layer Player verstanden werden (Salesforce, 2021). Kunden können dabei unabhängig von ihren eigenen Kenntnissen und Fähigkeiten im Bereich des Vertriebs von den durch Salesforce über viele verschiedene Branchen und weltweit identifizierten Best Practices im Bereich CRM profitieren. ◀

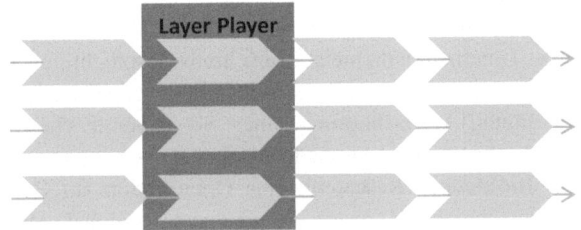

Abb. 5.3 Wertschöpfungstyp Layer Player. (Basierend auf Wirtz 2020, S. 90)

5.1.3 Orchestrator

Während sowohl der Integrator als auch der Layer Player innerhalb eines bestehenden Wertschöpfungskonstrukts agieren und dort eine oder mehrere Wertschöpfungsstufen selbst bedienen, besteht der wesentliche Beitrag eines Orchestrator im Wertschöpfungsprozess vor allem in der Koordination einzelner Wertschöpfungsstufen. Da die eigentliche Schaffung eines Wertes im Sinne der Durchführung einer Wertschöpfungsstufe nur teilweise Bestandteil des Geschäftsmodells eines Orchestrators ist, setzen diese Unternehmen vor allem auf Outsourcing. In der Folge gehört die Frage des Make-or-Buy zu den wichtigsten Entscheidungen dieser Unternehmen (Wirtz, 2020, S. 90) (Abb. 5.4).

Beispiel: IKEA – Orchestrator

Als Beispiel für einen Orchestrator kann laut Wirtz (2020, S. 85) das bereits umfassend betrachtete Unternehmen IKEA dienen (Abschn. 4.2). Das Unternehmen betreibt lediglich einen Teil seiner Wertschöpfungskette selbst, während es für viele andere Teile unter anderem Zulieferer und Dienstleister steuert. Während Design und Marketing (in hohem Maße) selbst betrieben werden, wird das Material für die Produktion über Zulieferer bezogen. Auch die Produktion ist in Teilen ausgelagert (Hohmann, 2021; IKEA, 2021a, S. 75). Die Stores werden im Wesentlichen von Franchise-Nehmer-Unternehmen, als – jedenfalls formal – von Fremdunternehmen betrieben. Zusätzliche bekräftigen die vom Kunden selbst übernommene Endmontage der meisten Möbel sowie der in hohem Maße standardisiert abgewickelte Service im After-Sales über die Franchise-Nehmer eine Einordnung als Orchestrator.

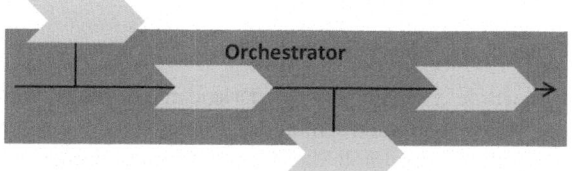

Abb. 5.4 Wertschöpfungstyp Orchestrator. (Basierend auf Wirtz 2020, S. 83 ff.)

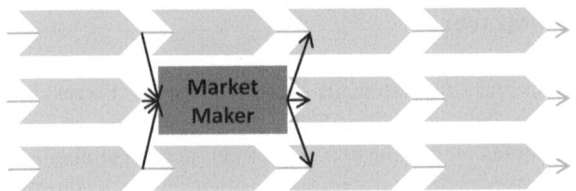

Abb. 5.5 Wertschöpfungstyp Market Maker. (Basierend auf Wirtz 2020, S. 91)

5.1.4 Market Maker

Als Market Maker werden Unternehmen bezeichnet, die verschiedene Wertschöpfungsstufen unterschiedlicher Wertschöpfungsketten in neuer Weise miteinander kombinieren, damit Kundenbedürfnisse besser erfüllen als bestehende Lösungen anderer Unternehmen und so neue Märkte erschaffen (Wirtz, 2020, S. 91). Insbesondere in der Internet-Ökonomie haben sich in den letzten Jahren zahlreiche Unternehmen etabliert, indem diese als Intermediäre und unter Nutzung der Möglichkeiten der Informationstechnologie bestehende Wertschöpfungsketten durchbrochen haben. Durch die Schaffung einer neuen Wertschöpfungsstufe sind Market Maker in hohem Maße auf die Zusammenarbeit mit Zulieferern vorgelagerter und mit Kunden beziehungsweise Abnehmern nachgelagerter Wertschöpfungsstufen angewiesen. Sie müssen zudem ein eigenes, langfristiges Wertangebot etablieren, um ihr Geschäftsmodell gegen die Disintermediation (als geteilige Entwicklung zur Intermediation) abzusichern (Heinemann, 2011, S. 37–39) (Abb. 5.5).

Wie bereits angedeutet liefern die großen als Plattformen beziehungsweise Marktplätze agierenden Unternehmen der Internet-Ökonomie wie Amazon, AirBnb oder eBay zahlreiche Beispiele für die Wertschöpfung nach dem Market Maker-Prinzip. Im Folgenden soll exemplarisch Booking.com als Beispiel für einen Market Maker dienen.

Beispiel: Booking.com – Market Maker

Booking.com wurde 1996 in den Niederlanden gegründet und kann heute als eines der weltweit größten Online-Reiseunternehmen angesehen werden. Auf seiner Plattform vermittelt das Unternehmen zwischen Anbietern von Übernachtungsmöglichkeiten, insbesondere Hotels, aber auch Besitzern von Ferienwohnungen, und Nachfragern, insbesondere privat reisenden Touristen.

Booking.com hat sich in den letzten Jahren zu einem der weltweit größten Marktplätze der Tourismusbranche entwickelt. Im Jahr 2021 werden rund 28 Mio. Unterkunftseinträge geführt (Booking.com B.V., 2021).

Mit seinem Konzept hat sich Booking.com als Intermediär zwischen Hotels und Touristen platziert und ersetzt so – zu großen Teilen – die direkte Buchung in der bestehenden Wertschöpfungskette. Anbieter von Übernachtungsmöglichkeiten profitieren dabei insbesondere von einem einfachen Zugang zu einem weltweiten und reiseaffinen Interessentenkreis. Für Touristen besteht ein wesentlicher Mehrwert in der Nutzung der Plattform in der standardisierten und übersichtlichen Bündelung von Informationen und Verfügbarkeiten zahlreicher Unterkünfte mit der schnellen und einfachen Möglichkeit zur direkten Buchung, ohne bei jeder neuen Reise auf einer anderen Hotelwebsite teils heterogen gestaltete Buchungsprozesse durchlaufen zu müssen.

(Dass Booking.com auch als disruptives Geschäftsmodell die analoge Vermittlung von Übernachtungsmöglichkeiten, insbesondere über Reisebüros, angegriffen und teilweise ersetzt hat, sei an dieser Stelle nur nachrangig erwähnt. Prinzipiell können auch klassische Reisebüros als Market Maker verstanden werden.) ◄

5.2   4C-Net Business Model

Einer der bekanntesten Systematisierungsansätze webbasierter Geschäftsmodelle stammt von Wirtz (2010, S. 220–324). Obgleich sich das 4C-Net Business Model auschließlich auf digitale Geschäftsmodelle konzentriert, liefert es, gerade vor dem Hintergrund der die gesamte Wirtschaft umfassend betreffenden Digitalisierung auch für „analoge" Geschäftsmodelle potenziell wichtige Denkanstöße zur Frage der (digitalen) Geschäftsmodelltransformation.

Das 4C-Net Business Model unterteilt digitale (ursprünglich B2C-) Geschäftsmodelle in die vier Kategorien Content, Commerce, Context und Connection, wobei im Fokus nicht wie im vorherigen Kapitel die Frage der Wertschöpfung, sondern das Leistungsangebot steht. Im Folgenden wird das Wesen jeder der vier Kategorien vorgestellt. Dazu werden zunächst Wertschöpfungsmechanismen und Schlüsselressourcen diskutiert und mögliche Ertragsmodelle erörtert. Zudem werden jeweils mögliche Unterkategorien benannt und kurz beschrieben. Abschließend wird je Kategorie ein Beispiel vorgestellt.

Sowohl die Eingruppierung eines Geschäftsmodells im Sinne des 4C-Net Business Model als auch im Sinne einer der Unterkategorien der vier C's kann hilfreich sein, um ähnliche Geschäftsmodelle zu identifizieren und beispielsweise Best Practices abzuleiten.

5.2.1 Content

Content-basierte Geschäftsmodelle sammeln und kuratieren digitale Inhalte, bereiten diese auf und stellen sie auf einer eigenen Plattform ihren Nutzern zur Verfügung. Dabei kann es sich zum Beispiel um Texte, Videos, Bilder oder Grafiken handeln, die informierender, unterhaltender oder bildender Art sein können, wobei auch Mischformen wie Infotainment oder Edutainment denkbar sind (Wirtz, 2010, S. 222).

Ausgangsbasis der Wertschöpfung Content-basierter Geschäftsmodelle ist die Konzeption und Entwicklung beziehungsweise Produktion sowie die Entwicklung und der Betrieb der Distributionsplattform zur Bereitstellung der Inhalte. Insofern sind sowohl die zur Content-Kreation notwendigen Fähigkeit im weitesten Sinne, in der Regel in Form von Humanressourcen, sowie die Bereitstellungsplattform als zentrale Ressourcen zu verstehen.

Content-Angebote werden häufig monetarisiert, indem Nutzer für den tatsächlichen Konsum (Pay-as-you-go) oder die Möglichkeit des Konsums (Subscription) bezahlen oder indem anderen Unternehmen die digitale Reichweite in Form von Werbeplätzen, zum Beispiel über Bannerwerbung oder Native Advertising, zum Kauf angeboten wird.

Hintergrund: Native Advertising
In Anlehnung an den Zentralverband der deutschen Werbewirtschaft ZAW e. V. (2016, S. 5) kann Native Advertising als Sammelbegriff für alle digitalen und analogen Formen der Werbung verstanden werden, die sich dadurch auszeichnen, dass sie optisch, inhaltlich und funktional in hohem Maße an das Medium anpasst sind, in dem sie ausgespielt werden, sodass der Konsument den gezeigten Inhalt nicht sofort als Werbung erkennt. Spielarten des Native Advertising umfassen unter anderem die im Influencer Marketing populären Produktplatzierungen oder als redaktionelle Beiträge aufgemachte Werbeanzeigen, sogenannte Advertorials. Wird Native Advertising nicht klar als Werbung gekennzeichnet, kann es sich um Schleichwerbung handeln.

Viele Content-Anbieter versuchen zudem transaktionsabhängige, indirekte Erlöse durch die Platzierung von Affiliate-Links zu generieren, bei denen der Content-Plattform-Betreiber eine Kommission erhält, wenn ein Nutzer über einen

Affiliate-Link in dem verlinkten Online-Shop einkauft. Aus der Monetarisierung über Werbeeinnahmen ergeben sich außerdem die Akquise von Werbepartnern und die Aussteuerung der Werbung als wichtige Bausteine des Wertschöpfungsprozesses. Wirtz (2010, S. 223) unterscheidet im Bereich Content zwischen drei wesentlichen Unterkategorien:

- **E-Information** mit Fokus auf informative Inhalte als Hilfestellung zur Problemlösung, häufig fokussiert auf einzelne Themengebiete wie zum Beispiel
  - – E-Politics
  - – E-Society
  - – E-Economics
- **E-Entertainment** im Sinne der Bereitstellung von Inhalten, die der Unterhaltung der Nutzer dienen sollen, etwa
  - – E-Games
  - – E-Movies
  - – E-Prints
  - – E-Music
- **E-Education** zum Zweck der Bildung, wobei die didaktische Aufbereitung der Inhalte als wesentliches Merkmal verstanden werden kann, zum Beispiel
  - – Virtual University
  - – Public Education

Beispiel: CHIP

Ursprünglich als Onlineversion des gleichnamigen Magazins für Computer gegründet ist CHIP (www.chip.de) nach eigenen Angaben heute das größte Verbraucher-Portal Deutschlands. Neben Newsbeiträgen aus der Welt der Technik, Kaufberatungen und Testberichten bietet die Website Tools zu Preisvergleichen an, stellt Anleitungen zur Verfügung, macht regelmäßig auf aktuelle Sonderangebote aufmerksam und bietet eine Vielzahl von Programmen und Apps für PC und Smartphone zum Download an. Neben rund 25 Fachredakteuren und Editoren arbeiten laut Unternehmen rund ein Dutzend Diplom-Ingenieure und Fachinformatiker im CHIP-eigenen Testcenter, um aktuelle technische Entwicklungen in selbst entwickelten Testverfahren und möglichst fair und unabhängig zu prüfen, wie das Unternehmen selbst erklärt (CHIP, 2020).

CHIP ist somit ein Content-basiertes Geschäftsmodell im Sinne von Wirtz' 4C-Net Business Model, wobei CHIP im Wesentlichen als E-Society Modell innerhalb der Unterkategorie E-Information verstanden werden kann. Bezüglich der Schlüsselressourcen sind neben der redaktionellen Kompetenz insbesondere das Testcenter als Motor für die Erstellung von qualitativ hochwertigem Content zu nennen. Dabei ist die Glaubwürdigkeit der Gesamtmarke von kritischer Bedeutung.

Das Erlösmodell von CHIP basiert im weitesten Sinne auf Werbung, wobei verschiedene Erlösarten – transaktionsabhängige und -unabhängige, direkte und indirekte – generiert werden (Abschn. 4.1.5). CHIP (2020) schreibt dazu:

„Dazu gehören unter anderem bezahlte Werbeanzeigen und als Werbung gekennzeichnete Partner-Artikel, sogenannte Affiliate-Links über die wir kleine Provisionen von Online-Händlern erhalten oder die Shopping-Deals, bei denen wir gemeinsam mit einem Partner unschlagbar gute Produkte zum Schnäppchen-Preis anbieten."

Weitere Informationen zum Erlösmodell finden sich bei CHIP (2017) auf einer eigens zu diesem Thema angelegten FAQ-Seite. ◄

5.2.2 Commerce

Commerce-Geschäftsmodelle umfassen die Anbahnung, Aushandlung sowie die Abwicklung von Transaktionen über das Internet, wobei nur ein Teil des Kaufprozesses oder der gesamte Kaufprozess digital unterstützt oder substituiert werden kann. Charakteristisch im Bereich Commerce ist die Vermarktung von (nicht notwendigerweise physischen) Produkten sowie von Dienstleistungen.

Wesentlich für den Wertschöpfungsprozess ist insbesondere die Erstellung sowie die Präsentation eines konkreten Angebots, also beispielsweise im Fall eines klassischen Online-Shops erstens die Frage der Sortimentsgestaltung und zweitens die der Gestaltung des Shops selbst. Auch die sich anschließende Anbahnung der Transaktion durch gezielte Marketing- und Vertriebsmaßnahmen ist wesentlicher Bestandteil der Wertschöpfungskette. Darüber hinaus darf der eigentliche Kaufabschluss, gegebenenfalls mit einer vorangestellten Preisfindungsphase, nicht unerwähnt bleiben, an den sich nach abgeschlossener Distribution zusätzlich eine After-Sales-Phase im Sinne der Erbringung von Service- und Garantieleistungen anschließen kann. Eng mit der Wertschöpfungskette verknüpft sind die sich daraus ergebenden Kompetenzen und Ressourcen, wobei das Technologiemanagement und die Kompetenz zur Gestaltung eines Sortiments von zentraler Bedeutung sind (Wirtz, 2010, S. 249–259). Wirtz (2010, S. 250) unterscheidet Commerce-Geschäftsmodelle in vier Unterkategorien:

- **E-Attraction**-Geschäftsmodelle, die vor allem die Anbahnung von Transaktionen unterstützen, zum Beispiel
  - Banner-Schaltung
  - Mall-Betreiber
- **E-Bargaining**-Angebote zur Aushandlung des Preises und anderer die eigentliche Transaktion betreffenden Rahmenbedingungen, etwa
  - Auction
  - Price Seeking
- **E-Transaction** zur Abwicklung einer Transaktion, insbesondere mit Blick auf die Bezahlung und, im Fall von physischen Produkten, auf die Auslieferung, also
  - Payment
  - Delivery
- **E-Tailing** als eine Unterkategorie, die mehrere der zuvor genannten Teilaspekte des Commerce abdeckt

In Commerce-orientierten Geschäftsmodellen des 4C-Net Business Model sind verschiedene Erlösmodelle denkbar. Im Fall eines tatsächlichen Handelsgeschäftsmodells entstehen **Umsätze** aus dem Verkauf von Waren, also direkt und transaktionsabhängig. Auch Banner-Schaltung und der Betrieb von digitalen Shopping-Malls können transaktionsabhängig in Form einer (umsatzabhängigen) Vermittlungsgebühr vergütet werden, wobei in der Praxis vor allem CPC-basierte Modelle eingesetzt werden, bei denen der Werbetreibende, für den ein Banner geschaltet wird oder dessen Produkt in einer virtuellen Mall präsentiert wird, pro Klick an den Betreiber einen (häufig, aber nicht notwendigerweise vorab fest definierten) Betrag zahlt. Price-Seeking-Angebote werden häufig ebenfalls pro Klick abgerechnet.

Die Transaktionsabwicklung stellt insofern einen Sonderfall dar, als dass sowohl die Zahlungsabwicklung als auch und insbesondere die Versanddienstleistung die Sphären der rein digitalen Welt verlassen. Beide Unterkategorien werden in der Regel transaktionsabhängig abgewickelt, wobei Payment-Dienstleistungen vornehmlich am Umsatz gemessen vergütet werden.

Tab. 5.1 Gebühren für private Verkäufer auf dem Online-Marktplatz eBay

Gebührenart	Höhe der Gebühr	Charakterisierung
Angebotsgebühren		
320 Angebote pro Monat	Kostenfrei	–
Gebühr pro Angebot ab 321. Angebot pro Monat	0,50 €	Transaktionsabhängige, direkte Erlösgenerierung
Gebühren für Zusatzoptionen		
Bis zu 12 Fotos	Kostenfrei	–
Zusätzlicher Sofort-Kaufen-Preis bei Auktionsangeboten	Kostenfrei	–
Planung der Startzeit	0,20 €	Transaktionsabhängige, direkte Erlösgenerierung
Nutzung eines Untertitels	0,50 €	
Eingruppierung in zweite Kategorie	0,50 €	
Angebot mit nicht öffentlicher Bieterliste	0,50 €	
Verkaufsprovision	10 % des Verkaufspreises	Transaktionsabhängige, eher indirekte Erlösgenerierung

Quelle: eBay Inc. (2021)

Beispiel: eBay

Der Online-Marktplatz eBay bietet Verbrauchern und Unternehmen die Möglichkeit, Produkte zu einem vorab vom Verkäufer selbst definierten Preis oder zu einem in einem Auktionsverfahren ermittelten Preis zu verkaufen, wobei die Käufer in der Regel Endkonsumenten sind. Im Folgenden soll anhand der Gebührenstruktur für private Verkäufer verdeutlicht werden, anhand welcher Parameter E-Bargaining-Geschäftsmodelle Umsätze generieren können.

Tab. 5.1 stellt einen (vereinfachten) Auszug der für private Verkäufer bei eBay geltenden Gebühren dar, die in Anlehnung an Tab. 4.4 charakterisiert werden.

Es ist zu beachten, dass die Erstellung eines Angebots, unabhängig von einem tatsächlich stattfindenden Verkauf, aus Sicht des Online-Marktplatzes bereits als eine Transaktion, nämlich zwischen dem (potenziellen) Verkäufer und dem Online-Marktplatz, aufgefasst werden kann. Diese Einordnung führt dazu, dass alle mit der Erstellung eines Angebots zusammenhängenden Gebühren – Angebotsgebühren und Gebühren für Zusatzoptionen – also transaktionsabhängige, direkte Erlöse verstanden werden können. Wäre die Transaktion über das Zustandekommen eines erfolgreichen Verkaufs der angebotenen Ware definiert, könnten die Angebotsgebühren und die Gebühren für Zusatzleistungen stattdessen auch als transaktionsunabhängige Erlöse aus Sicht eBays verstanden werden.

Die Einordnung der Verkaufsprovision ist ähnlich wie zuvor die Einordnung der Angebotsgebühren gelagert. Während hier die Transaktionsabhängigkeit einigermaßen unstrittig sein dürfte, erscheint die Frage der direkten oder indirekten Erlösgenerierung komplexer. Für eine direkte Erlösgenerierung spräche, dass die Transaktion zwischen Verkäufer und Käufer ja direkt bei eBay stattfindet. Andererseits handelt es sich hierbei um eine Vermittlungsleistung eBays zwischen Verkäufer und Käufer, sodass eBay an der eigentlichen Transaktion nicht beteiligt ist – insofern sei die Verkaufsprovision hier eher als indirekte Erlösquelle einzuordnen. ◄

5.2.3   Context

Die Vielzahl der über das Internet verfügbaren Inhalte und Informationen, zum Beispiel in Form von Texten, Bildern und Videos, stellt die Grundlage Contextbasierter, digitaler Geschäftsmodelle dar. Da die Inhalte über das gesamte World Wide Web verteilt auf Milliarden Websites liegen, braucht es aus Nutzersicht Möglichkeiten, diese gezielt zu durchsuchen.

Hintergrund: Wie viele Websites gibt es?
Die genaue Anzahl der Websites weltweit lässt sich kaum beziffern, da einerseits nur registrierte Domains gezählt werden können, jedoch nicht hinter jeder Domain auch eine tatsächliche Website existieren muss und andererseits die Anzahl ständig schwankt. Folgende Zahlen vermitteln jedoch einen Eindruck der Größenordnungen und unterstreichen insofern die Relevanz von Context-Geschäftsmodellen:

- Alleine in Deutschland sind rund 16,5 Mio. .de-Domains registriert.
- Mit rund 144,6 Mio. Registrierungen ist die .com-Endung die populärste, nicht Länderspezifische Domain.
- In China (.cn) sind rund 21,9 Mio. Domains registriert.

(Quelle: DENIC 2020, Stand: März 2020).

Die Wertschöpfung eines Unternehmens, dessen Geschäftsmodell auf der Kontextualisierung beruht, besteht im Kern aus drei wesentlichen Merkmalen: Erstens müssen die zu Inhalte beziehungsweise Inhaltsformen, auf die sich das Unternehmen spezialisiert, gefunden und gespeichert werden. Zweitens müssen die Informationen zum Beispiel durch Klassifikationen und Verschlagwortung strukturiert und durchsuchbar gemacht werden. Drittens muss dem Nutzer des jeweiligen Dienstes ein Interface zur Verfügung gestellt werden, welches eine Durchsuchung der Inhalte ermöglicht, die Ergebnisse präsentiert und den Nutzer gegebenenfalls zum gewünschten Inhalt führt. Hieraus ergeben sich im Wesentlichen zwei Schlüsselressourcen, die praktisch für alle Context-Geschäftsmodelle abgeleitet werden können: Erstens benötigt es eine leistungsfähige und intelligente Software, um die Durchsuchung und Klassifikation der Inhalte beziehungsweise die Präsentation der gefundenen Inhalte zu ermöglichen. Zweitens ist der durchsuchte Datenbestand als Schlüsselressource im Wertschöpfungsprozess zu verstehen (Wirtz, 2010, S. 275–287).

Die Monetarisierung von Context-Geschäftsmodellen erfolgt in der Regel über die Aussteuerung von Werbung, bei der vor allem transaktionsunabhängige, indirekte Erlöse generiert werden. Denkbar sind dabei neben einfachen Werbeformen wie der herkömmlichen Schaltung von Bannerwerbung oder der Platzierung von Affiliate-Links auch komplexere Methoden wie das Keyword-basierte Schalten von Werbeanzeigen in Suchmaschinen wie Google (s. kommendes Beispiel) oder die in Echtzeit stattfindende und vom jeweiligen Nutzer abhängige Versteigerung von Bannerwerbeplätzen (Real Time Advertising).

Wirtz (2010, S. 287–292) unterscheidet drei Unterkategorien von Contextbasierten Geschäftsmodellen, wobei sowohl Desktop Search im E-Search als auch Social Tagging-Dienste im Bereich des E-Bookmarking im Laufe der Zeit deutlich an Relevanz verloren haben oder sogar praktisch vom Markt verschwunden sind und hier nur in Anlehnung an die genannte Quelle erwähnt werden.

- **E-Search** zum Durchsuchen des Internets, häufig auf Basis von Schlagworten, zum Beispiel
  - General Search
  - Special Search
  - Meta Search
  - Desktop Search
- **E-Catalogs** als Verzeichnisse von Websites, aber auch von lokalen Anbieter, in der Regel in Form von Webkataloge und –listen im weitesten Sinne

- **E-Bookmarking** als von der Crowd verwaltetes Gegenstück zu E-Catalogs, wobei die Nutzer kollaborativ durch die Erstellung von Systematiken und die Verschlagwortung an der Kontextualisierung wirken, bekannt auch als Social Tagging-Dienste

Im Folgenden sollen die Keyword-basierte Werbung bei Google und das dabei genutzte Auktionsverfahren als wesentliche Umsatzquelle des Dienstes grob erläutert werden.

Beispiel: Google

Mit einem weltweiten Marktanteil von rund 72 % auf dem Desktop und rund 90 % auf dem Smartphone ist Google die mit großem Abstand weltweit führende Suchmaschine (NetMarketShare, 2021). Schon die Mission betont das offenbare Selbstverständnis als Context-Geschäftsmodell, wobei diese nicht auf die Suchmaschine selbst (Google), sondern auch auf die weltweit bekannten und führenden Dienste wie Maps, Chrome oder Youtube zu beziehen ist:

„Unsere Mission: Die Informationen dieser Welt organisieren und allgemein zugänglich und nutzbar machen." (Google, 2021c)

Ehemals unter dem Namen „Google AdWords" am Markt aktiv bietet „Google Ads" Werbetreibenden unter anderem die Möglichkeit, Werbeanzeigen auf den Suchergebnisseiten der Google Suche zu schalten. Neben den zu definierenden Werbeanzeigen, die im Wesentlichen aus Textelementen und einem Link bestehen, müssen zudem die Keywords beziehungsweise Schlüsselwörter definiert werden, nach denen ein Nutzer suchen muss, damit die Anzeige potenziell ausgesteuert wird.

Schickt nun ein Nutzer eine Suchanfrage ab, die eines der als relevant definierten Keywords enthält, beginnt ein nur wenige Millisekunden dauerndes Auktionsverfahren, bei dem alle Werbetreibenden, die für das Keyword eine Werbeanzeige schalten wollen, vollautomatisch und in Echtzeit bieten. Die Werbeplätze auf der Suchergebnisseite werden also versteigert, wobei die Versteigerung lediglich entscheidet, ob eine Anzeige geschaltet wird und an welcher Position sie steht (Google, 2021a). Zu beachten ist, dass Werbetreibenden erst dann für die Werbeanzeige bezahlen, wenn der Nutzer auch tatsächlich darauf klickt.

Bemerkenswert ist die Komplexität des Auktionsverfahrens. Dieses berücksichtigt einerseits die wirtschaftlichen Interessen der Suchmaschine und trägt andererseits in hohem Maße zu einem positiven Nutzererlebnis bei, da es als Werbetreibender nicht ausreicht, einfach nur ein hohes Gebot abzugeben, um den obersten Werbeplatz zu gewinnen. Stattdessen ergibt sich die Platzierung „aus dem Gebot, der Qualität der Anzeige, den Grenzwerten für den Anzeigenrang, dem Kontext der jeweiligen Suchanfrage sowie den erwarteten Auswirkungen von Erweiterungen und anderen Anzeigenformaten", wie Google (2021a) erläutert. Insbesondere ist es sogar möglich, dass eine Werbeanzeige an einer höheren Position geschaltet wird als eine andere, für deren Platzierung ein höheres Gebot abgegeben wurde:

„Selbst wenn Ihre Mitbewerber höhere Gebote abgeben als Sie, können Sie mit relevanteren Keywords und Anzeigen dennoch eine höhere Anzeigenposition zu einem niedrigeren Preis erzielen." (Google, 2021a)

Eine besondere Rolle bei der Berechnung des Anzeigenrangs nimmt der Qualitätsfaktor ein. Dieser setzt sich zusammen aus der voraussichtlichen Klickrate, also der von Google ermittelten Wahrscheinlichkeit, dass ein Nutzer auch tatsächlich auf die ausgesteuerte Anzeige klickt, der Relevanz der zu schaltenden Anzeige mit Blick auf die Suchanfrage des Nutzers und der Nutzererfahrung mit der Landingpage, wobei Google versucht, einzuschätzen, wie relevant und hilfreich die Inhalte des Ziellinks sind, auf den die Anzeige den Nutzer führen möchte (Google, 2021b).

Der Qualitätsfaktor berücksichtigt insofern nicht nur das unmittelbare wirtschaftliche Interesse Googles, möglichst viele und teure Klicks zu generieren, sondern auch das Nutzerinteresse, zu einem möglichst guten (bezahlten) Suchergebnis weitergeleitet zu werden. Die Tatsache, dass nicht automatisch das höchste Gebot auch ganz oben in den bezahlten Suchergebnissen auftaucht, ist in letzter Instanz als eine strenge Ausrichtung auf das Nutzererlebnis anzusehen und vermutlich einer der Gründe für den langfristigen wirtschaftlichen Erfolg der Suchmaschine: Im Jahr 2020 hat Google rund 182,5 Mrd. US\$ Umsatz erwirtschaftet (Alphabet, 2021). Obwohl das Cloud-Geschäft immer mehr an Relevanz gewinnt, stammen noch immer deutlich mehr als 80 % dieses Umsatzes aus Werbeeinnahmen (Alphabet, 2020).

◄

5.2.4   Connection

Geschäftsmodelle des Typs Connection ermöglichen nach Wirtz (2010, S. 299) den Austausch von Informationen beziehungsweise die Interaktion von Akteuren in Netzwerkstrukturen. Kern der Wertschöpfung von Connection-Geschäftsmodellen ist die Bereitstellung einer Netzwerkstruktur, die Akquise von Akteuren zur Nutzung dieser Netzwerkstruktur sowie die Realisierung von Monetarisierungsmöglichkeiten, etwa durch die zeit- oder volumenbasierte Abrechnung der Nutzung, durch Subscription-basierte Abomodelle oder durch die Aussteuerung von Werbung. Neben der Netzwerkstruktur selbst sind insbesondere die Technologie- und die Integrationskompetenz als Schlüsselressourcen zu benennen. Letztere meint die Fähigkeit, unterschiedliche Zugangsmöglichkeiten so zu integrieren, dass diese möglichst vielen potenziellen Akteuren die Nutzung des Netzwerks ermöglichen (Wirtz, 2010, S. 300–309).

Connection-Geschäftsmodelle lassen sich in zwei Unterkategorien gliedern (Wirtz, 2010, S. 300):

- **Intra-Connection** im Sinne von Anbietern für Kommunikationslösungen im Internet
  - Community
    - Customer Networks (Soziale Netzwerke wie Facebook)
    - Customer Messages (Chatanbieter wie Skype oder WhatsApp)
    - Customer Exchanges (Sharing-Dienste wie rapidshare)
    - Customer Opinion Portals (Meinungs- und Bewertungsportale wie Trustpilot)
  - Mailing Services (E-Mail Anbieter wie GMX oder Gmail)
- **Inter-Connection** im Sinne von Anbietern, die den Zugang zum Internet als physisches Netzwerk ermöglichen, also
  - Fix Connection (Internet-/DSL-Anbieter)
  - M-Connection (Mobilfunkanbieter)

Intra-Connection-Geschäftsmodelle werden häufig zur kostenfreien Nutzung angeboten und generieren indirekte Erlöse über Werbung, was eine entsprechende Akquise von Werbepartnern, die Logiken zur Platzierung von Werbung sowie die Abrechnung mit den Werbepartnern als Teil der Wertschöpfungskette voraussetzt. Ebenfalls häufig in der Praxis zu finden sind Intra-Connection-Angebote auf Freemium-Basis (Abschn. 5.4). Dabei wird die Dienstleistung in einer Basis-Version kostenfrei angeboten und Erlöse werden zum Beispiel den Verkauf von

Premium-Tarifen generiert, bei denen ein größerer Funktionsumfang zur Verfügung steht oder keine Werbung angezeigt wird (Wirtz, 2010, S. 311–316).

Bei Inter-Connection-Geschäftsmodellen hat sich eine Kombination aus nutzungsunabhängigen (fixen) und nutzungsabhängigen (variablen) Gebühren durchgesetzt (Tab. 4.4). Häufig werden eine initiale, pauschale Einrichtungsgebühr oder monatliche Grundgebühren einerseits und andererseits variablen Gebühren für die tatsächliche Nutzung, das heißt für die Inanspruchnahme der Verbindung, erhoben. Über die Kombination verschiedener Netzzugänge, insbesondere von Telefonie, Internet und Fernsehen, zunehmend aber auch Mobilfunk, verschwimmen nicht nur die Grenzen zwischen Fix Connection und M-Connection (Wirtz, 2010, S. 317). Gleichzeitig führt diese sogenannte Leistungsbündelung auch zu stärkeren Lock-in-Effekten, weil mit der Anzahl der von einem Anbieter genutzten Services in der Regel die Wechselkosten steigen (Abschn. 6.3).

Beispiel: WEB.DE

Der Mailing Service WEB.DE, betrieben von der 1&1 Mail & Media GmbH, gehört zu den größten Anbietern für E-Mail-Postfächer in Deutschland. Kostant gibt rund ein Viertel der Deutschen seit vielen Jahren an, ihre meistgenutzte E-Mail-Adresse bei WEB.DE zu haben (WEB.DE, 2020).

Das Intra-Connection-Geschäftsmodell des Mailing Service – hier losgelöst betrachtet vom ohne Registrierung zur Verfügung stehenden Content-(Nachrichten) und Context- (Suchmaschine) Angebot – basiert auf einem Freemium-Angebot:

- Das Produkt „Freemail" mit 1 GB Speicherplatz, 20 MB für E-Mail-Anhänge, 2 GB Cloud-Speicher und 40 Postfachordnern ist kostenlos nutzbar und wird über Werbeinblendungen monetarisiert.
- Für 3 € pro Monat stehen im Tarif „MailPlus" unter anderem Speicherplatz für 500.000 E-Mails, 100 MB für E-Mail-Anhänge, 7 GB Cloud-Speicher und 256 Postfachordner zu Verfügung.
- Der Tarif „Club" bietet für 5 € pro Monat ähnliche Vorteile wie „MailPlus", wobei sich der Cloud-Speicher auf 12 GB erhöht und den Kunden zusätzlich besondere Angebote von Kooperationspartnern zur Verfügung gestellt werden.

(Quelle: 1&1 Mail & Media GmbH 2021).

Wie auch bei den Inter-Connection-Geschäftsmodellen durch die Kombination von Telefonie, Internet und Fernsehen stellt auch das Angebot von Cloud-Speicher eine Art der Leistungsbündelung dar, wie sie auch bei anderen E-Mail-Postfach-Anbietern erkennbar ist. Die Kombination mehrerer volumenabhängiger Komponenten innerhalb eines Paketes ist nicht nur im Sinne der bereits angesprochenen Lock-in-Effekte zur Kundenbindung sinnvoll (Abschn. 6.3). Aus Ertragssicht bietet die Kombination mehrerer Komponenten zudem den Vorteil, dass Nutzer schon beim Erreichen des maximal zulässigen Volumens nur einer der Komponenten einen Wechsel in den höheren Tarif in Erwägung ziehen könnten. ◄

5.3   Business Models on the Web

Mit den „Business Models on the Web" beschreibt der an der North Carolina State University tätige Professor Michael Rappa in einem 2004 im IBM Systems Journal erschienenen Artikel eine Taxonomie mit neun webbasierten, digitalen Geschäftsmodelltypen (Rappa, 2004). Obgleich Rappa selbst seiner Taxonomie aufgrund der hohen Dynamiken am Markt nur eine beschränkte Halbwertzeit zuschreibt, liefern die neun Business Models on the Web noch immer eine hilfreiche und aktuelle Möglichkeit, (digitale) Geschäftsmodelle zu systematisieren.

Die beschriebenen Geschäftsmodelle sind dabei nicht zwangsläufig ausschließlich solche Geschäftsmodelle, die überhaupt erst durch das Internet ermöglicht werden. So sind beispielsweise Online-Auktionen als Untergruppierung von Brokerage-Modellen (Abschn. 5.3.3) lediglich eine digitale Neuerfindung des bereits erprobten und funktionierenden Auktionsgeschäftsmodells, wie es bereits seit Jahrhunderten bekannt ist (Rappa, 2010).

Für die Anwendung der Taxonomie macht Rappa (2010) darauf aufmerksam, dass in der Praxis mitunter mehrere der von ihm benannten Geschäftsmodelle miteinander kombiniert werden und nennt als Beispiel ein Content-basiertes Geschäftsmodell, das im Stile eines Freemium-Models einerseits werbefinanziert (Advertising, Abschn. 5.3.1) ist und andererseits ein werbefreies Abo-Modell (Subscription, Abschn. 5.3.8) anbietet. Auch das im vorherigen Kapitel skizzierte Beispiel von WEB.DE (Abschn. 5.2.4) funktioniert nach diesem Prinzip und wäre nach Rappa entsprechend als Hybridmodell zu verstehen.

Im Folgenden werden die neun Business Models on the Web nach Rappa in alphabetischer Reihenfolge zunächst jeweils eingehend beschrieben und einige mögliche Untergruppierungen benannt. Anschließend wird jedes Business Model anhand eines Praxisbeispiels verdeutlicht.

5.3.1 Advertising

Viele digitale Geschäftsmodelle, insbesondere abseits des Commerce-Bereichs, werden über die Schaltung von Werbung monetarisiert. Insbesondere Content- und Context-Geschäftsmodelle generieren häufig vor allem über Werbung ihre Einnahmen. Im Grundsatz lassen sich dabei zwei Herangehensweisen unterscheiden: Einerseits kann ein Unternehmen seine Werbepartner selbst akquirieren, die Platzierung der Werbung organisieren und entsprechend des vereinbarten Vergütungsmodells, häufig basierend darauf, wie häufig ein Werbemittel gezeigt wurde (Cost-per-Impression) oder auf Basis der Klicks auf die gezeigten Werbemittel (Cost-per-Click), abrechnen. Andererseits ist auch denkbar, dass ein Unternehmen lediglich seine Werbeflächen zur Verfügung stellt und die Vermarktung und Abrechnung einem Werbenetzwerk (Abschn. 5.3.5) überlässt.

Hintergrund: Real-Time Advertising
Während in den Anfängen des Internets Werbeplätze größtenteils statisch vermarktet wurden, also Werbetreibende fest definierte Bannerplätze auf definierten Websites in definierten Zeiträumen und häufig zu festen, vorab vereinbarten Preise eingekauft haben, hat sich die Komplexität der Werbevermarktung auf der einen und der Werbebuchung auf der anderen Seite im Fall von Bannerwerbung im Laufe der Zeit deutlich erhöht. Heute werden Advertising-Modelle in der Regel mithilfe von Werbenetzwerken betrieben, wobei das vorhandene Werbeinventar im Moment des Seitenaufrufs durch einen einzelnen Nutzer in Echtzeit versteigert wird. Bei dieser als Programmatic Advertising, Real-Time Advertising oder Real-Time Bidding bekannten Form ist zur eigentlichen Werbefläche das im Moment des Seitenaufrufs bekannte Nutzerprofil als wesentlicher Treiber des Verkaufspreises für diesen Werbeplatz hinzugekommen.

Während Rappa (2010) im Ursprung das Advertising-Modell ausschließlich auf Bannerwerbung bezieht, haben sich im Laufe der Zeit einige weitere Werbeformate ausgebildet. Dazu gehören neben der Werbung über Videos auch Native Advertising Formate (vgl. Hintergrundinformationen in Abschn. 5.2.1) wie Advertorials oder die Einbindung von Werbung in Owned Media Kanälen wie Social Media Profilen oder einem E-Mail Newsletter.

Rappa (2010) unterscheidet acht Advertising-Untergruppierungen, von denen im Folgenden die drei aus heutiger Sicht relevantesten kurz beschrieben werden.

- **Portal:** Portale stellen häufig einem breiten Massenmarkt zum Beispiel Inhalte zu aus den Bereichen Wirtschaft, Politik, Sport, Ratgeber, Gesundheit und Finanzen zur Verfügung und bieten darüber hinaus zusätzliche Services wie ein E-Mail Postfach oder Versicherungsvergleiche an. Zu den größten Portalen gehören in Deutschland Anbieter wie WEB.DE, t-online, MSN oder Yahoo.

- **User Registration:** Werden Inhalte und Services kostenfrei, jedoch erst nach Registrierung angeboten, handelt es sich um User Registration-Modelle. Neben soziodemographischen Daten werden bei der Registrierung häufig umfassende Einwilligungen zur Erhebung und Auswertung von Surfverhalten eingeholt, sodass die vorhandenen Werbeplätze zielgruppengenauer vermarktet werden können. Insbesondere Tageszeitungen verlangen mittlerweile vermehrt eine Registrierung.

- **Content-Targeted Advertising:** Beim Content-Targeted Advertising werden aus einem großen Pool von möglichen Werbeanzeigen jene auf einer Website ausgesteuert, die zum Inhalt der Website passen, sodass sich aus Nutzersicht die Relevanz der Werbung aus der Relevanz der aufgerufenen Inhalte ergibt. Als eine der führenden Technologien in diesem Bereich ermöglicht Google die vollautomatische Platzierung kontextuell passender Werbung auf Websites.

Beispiel: NZZ PRO Global

Das „NZZ PRO Global"-Angebot bietet den Lesern der Neuen Zürcher Zeitung den „Zugang zu exklusiv produzierten Analysen, Hintergrundberichten und Reportagen zu Globalisierungstrends und den Fokusthemen Technologie, Asien, USA" (NZZ, 2021a). Um die Artikel in voller Länge lesen zu können, fordert der Anbieter vom Nutzer eine Registrierung, die in der Folge die Ausgangsbasis für vielfältig denkbare Monetarisierungsmöglichkeiten darstellt. So erfordert die Registrierung unter anderem die Angabe von Geschlecht, Vor- und Nachnamen sowie die Zustimmung zu Nutzungsbedingungen und Datenschutzerklärung. Ferner ermöglicht die Nutzung des Webangebots im eingeloggten Zustand dem Anbieter auch, das Surfverhalten zuverlässig aufzuzeichnen, um zum Beispiel Interessensprofile daraus abzuleiten, die wiederum vermarktet werden können (NZZ, 2021b).

Es ist anzunehmen, dass mit steigenden Anforderungen an den Datenschutz die geschäftliche Relevanz von Advertising-Modellen, die eine Nutzerregistrierung erfordern, zunehmen wird. ◄

5.3.2   Affiliate

Während Advertising-Modelle und insbesondere Portale in der Regel ein breites Publikum ansprechen und vor allem über Cost-per-Impression- oder Cost-per-Click-basierte Abrechnungsmodelle monetarisiert werden können, richten sich Websites, die als Affiliate-Modell funktionieren, an eher spitzere Zielgruppen, die sich durch ein relativ konkretes Kaufinteresse auszeichnen (Rappa, 2010). Häufig unterstützt das Angebot von Affiliate-Websites seine Nutzer in einem laufenden Kaufentscheidungsprozess, zum Beispiel durch die Bereitstellung von Preisvergleichen oder Testberichten. Charakteristisch ist die Verlinkung von der Affiliate-Website zum eigentlichen Verkäufer, in der Regel einem Online-Shop. Als Werbemittel kommen zum Beispiel Display Banner, Textlinks und die Nutzung von Produktdatenfeeds zum Einsatz. Kauft der Nutzer nach dem Klick auf das Werbemittel bei dem Verkäufer ein, erhält die Affiliate-Website eine zumeist am erzielten Umsatz orientierte Provision (Cost-per-Conversion beziehungsweise Pay-per-Sale). Insofern kann das heute populäre Affiliate-Modell mit dem klassischen Geschäftsmodell eines Maklers verglichen werden.

Die von Rappa (2010) benannten Untergruppierungen basieren auf unterschiedlichen Vergütungsmodellen. Grundsätzlich sind neben der Umsatz-orientierten Provisionszahlung auch Impression- und Click-basierte Vergütungsmodelle denkbar. Tatsächlich scheint deren praktische Relevanz jedoch in den letzten Jahren deutlich abgenommen zu haben.

Beispiel: Amazon PartnerNet

Als Affiliate-Marketing-Programm von Amazon ist das Amazon PartnerNet kein eigentliches Beispiel für ein Affiliate-Modell, sondern stellt die Infrastruktur bereit, mithilfe derer zum Beispiel Blogger oder Content Creators im weitesten Sinne – im Folgenden nur „Publisher" – ihre Webangebote über Verkäufe bei Amazon monetarisieren können. Dabei ist das Geschäftsmodell des Publishers als Affiliate-Modell im Sinne Rappas anzusehen.

Zunächst registriert sich der Publisher im Amazon PartnerNet. Anschließend hat er die Möglichkeit, über verschiedene Werbemittel, insbesondere Banner und Textlinks, Verweise zu Amazon mit einer individuellen Publisher-ID zu generieren und im eigenen Content-Angebot zu platzieren. Kauft ein Nutzer des Publishern nach einem Klick auf einen solchen Partner-Link bei Amazon ein, erhält der Publisher eine entsprechende Rückvergütung (Amazon.com, 2021c).

Mit dem Amazon Influencer Program trägt Amazon der deutlich zunehmenden Relevanz von Social Media Influencern Rechnung und bietet eine Erweiterung des PartnerNet Programms speziell für Influencer an. Dabei steht den Influencern neben den eher klassischen Werbemitteln des PartnerNet zusätzlich eine eigene „Storefront URL" zur Verfügung. Hierbei handelt es sich um eine von Amazon bereitgestellte Landingpage, die der Influencer inhaltlich und optisch anpassen kann, sodass sie zu dessen individueller Zielgruppe passt (Amazon.com, 2021a).

Bei der von Amazon über das PartnerNet an Publisher und Influencer gezahlten Vergütung handelt es sich um eine Umsatz-orientiertes Vergütungsmodell. Amazon unterscheidet dabei zwischen direkten und indirekten Verkäufen sowie Umsätzen über Influencer-Seiten. Als direkter Verkauf wird der „Verkauf eines Produktes aus *derselben* Produktkategorie wie die der Produktseite, die der Kunde über den Partner-Link aufruft" bezeichnet, während ein indirekter Verkauf den „Verkauf eines Produktes aus einer *anderen* Produktkategorie als die der Produktseite, die der Kunde über den Partner-Link aufruft" bezeichnet (Amazon.com, 2021b). Zusätzlich variiert die Vergütung je nach Produktkategorie und erfolgt teilweise nach Umsatz gestaffelt (Tab. 5.2).

Der Auszug aus dem Vergütungskatalog zeigt exemplarisch deutliche Unterschiede zwischen der Vergütung von Fashion- und Elektronikprodukten, mithilfe derer Werbetreibende – hier Amazon – neben ihrer Kostenstruktur auch die Entwicklung ihrer Sortimentsausrichtung steuern können. So könnte die vergleichsweise hohe Provision für direkte Verkäufe von Fashionprodukten einerseits auf hohe Deckungsbeiträge und andererseits auf eine hohe strategische Wichtigkeit dieses Sortiments für Amazon hindeuten. Beide Fälle dürften die Bereitschaft Amazons zu höheren Marketingkosten beziehungsweise einer schlechteren Kosten-Umsatz-Relation als etwa im Bereich Elektronik stärken. ◄

Tab. 5.2 Vergütungskatalog Amazon PartnerNet

Produktkategorie	Direkter Umsatz pro Monat	Standardvergütungen		
		Direkte Verkäufe	Indirekte Verkäufe	Influencer-Seite
Fashion (u. a. Bekleidung, Schuhe, Schmuck, Gepäck)	<15.000 €	10 %	1,5 %	10 %
	≥15.000 €	12 %		
Elektronik (u. a. Computer, Kamera, Fernseher)	<80.000 €	3 %	1,5 %	3 %
	≥80.000 €	4 %		

Quelle: Amazon.com (2021b), Auszug, modifiziert entnommen

5.3.3 Brokerage

Brokerage-Modelle fungieren als Intermediäre zwischen Verkäufern und Käufern, verbinden diese miteinander und stellen zum Beispiel Infrastruktur und Services bereit, um die Transaktionen zwischen Verkäufern und Käufern zu vereinfachen. Broker können sowohl B2B- als auch B2C- und C2C-Transaktionen unterstützen. Sie sind vom zuvor beschriebenen Affiliate-Model (Abschn. 5.3.2) insofern abzugrenzen, als dass Affiliate-Modelle vor allem eine Art Marketing- und Vertriebsunterstützung darstellen, potenzielle Kunden direkt zum Verkäufer durchleiten und die eigentliche Transaktion beim Verkäufer stattfindet, während Broker häufig eine eigene Plattform bereitstellen, über die die vermittelte Transaktion stattfindet. Insofern können Broker laut Rappa (2010) auch als eine Art Market Maker charakterisiert werden (Abschn. 5.1.4).

Rappa (2010) unterscheidet ursprünglich zwischen acht verschiedenen Untergruppierungen. Im Folgenden wird eine Auswahl von vier Brokerage-Modellen beschrieben.

- **Demand Collection Systems** vermitteln Anbieter und Nachfrager nach dem „Name Your Price"-Prinzip, bei dem der Nachfrager für eine gewünschte Dienstleistung – zum Beispiel eine Hotelübernachtung – einen Preis angibt, die er bereit wäre zu zahlen. Dem gegenüber steht ein Pool von Anbietern, die sich entscheiden können, ob sie bereit sind, diese Dienstleistung zum vom Nachfrager vorgeschlagenen Preis zu erbringen. Obwohl Anbieter so potenziell weniger auf Rabatt- und Sale-Aktionen angewiesen sind, deutet die Forschung darauf hin, dass vonseiten der Anbieter offen kommunizierte Preise profitableres Wirtschaften erlauben (Chen et al., 2014).
- **Auction Broker** bieten eine Plattform zur Durchführung von Auktionen an, bei denen ein Unternehmen oder ein Konsument ein Produkt zum Verkauf anbietet und der letztlich zu bezahlende Preis durch (in der Regel Höchst-) Gebote ermittelt wird. Als populärstes Beispiel für einen Auction Broker kann eBay genannt werden (Abschn. 5.2.2).
- **Transaction Broker** unterstützen die Durchführung von Transaktionen durch die Abwicklung des Bezahlprozesses, wobei neben unterschiedlichen Zahlungsarten auch zusätzliche Services angeboten werden können.
- **Virtual Marketingplaces** stellen eine Plattform bereit, auf der einerseits Anbieter Produkte und Dienstleistungen präsentieren können und andererseits Nachfrager aus einer großen Auswahl (Sortimentstiefe und –breite) und unterschiedlichen Anbietern auswählen können. Neben der reinen Listung eines

Angebots sind zusätzliche Services im Sinne verkaufsfördernder Maßnahmen als Dienstleistung seitens des Virtual Marketplace für die Anbieter denkbar.

Beispiel: PayPal

Mit rund 325 Mio. aktiven Kunden gehört PayPal zu den größten digitalen Bezahlplattformen weltweit und ermöglicht es Verbrauchern und Händlern beziehungsweise Verkäufern (im Folgenden nur „Händler") in weltweit mehr als 200 Märkten, Geld in über 100 Währungen auf ihrem PayPal-Konto zu empfangen, in 56 Währungen von ihrem PayPal-Konto abzuheben und in 25 verschiedenen Währungen auf ihrem PayPal-Konto zu halten (PayPal, 2021d).

Das Ertragsmodell von PayPal beruht auf verschiedenen Gebühren, die sowohl für Privatkunden als auch für Händler anfallen können. Die folgenden Ausführungen bieten einen auszugsweisen Einblick in das Gebührenmodell von PayPal mit Bezug auf den deutschen Markt.

Aus Privatkundensicht ist das Bezahlen eines Einkaufs sowie das Senden persönlicher Inlandstransaktionen mit PayPal grundsätzlich kostenfrei. Auch das Empfangen einer persönlichen Transaktion ist grundsätzlich kostenfrei. Für das Senden einer persönlichen, internationalen Transaktion bezahlen Privatkunden 5 % des Transaktionsbetrages, jedoch mindestens 0,99 € und maximal 3,99 €. Wer Geld von seinem PayPal-Konto auf sein deutsches Bankkonto abbuchen möchte, bezahlt hierfür im Standardverfahren keine Gebühren. Soll das Geld sofort verbucht werden, wird 1 % des abgebuchten Betrags als Gebühr fällig (PayPal, 2021b). Es kann insofern konstatiert werden, dass die Nutzung von PayPal aus Privatkundensicht überwiegend kostenfrei ist.

Die für Händler wohl wichtigste Gebühr ist die Standardgebühr für den Empfang von geschäftlichen Inlandstransaktionen. Diese setzt sich bei Euro-Zahlungen aus einer Pauschale von 0,35 € plus 2,49 % des empfangenen Betrags zusammen. Befindet sich der Absender im Ausland, werden zusätzlich zwischen 1,8 und 3,3 zusätzlichen Prozentpunkten berechnet. Weiterhin können dem Händler zum Beispiel 14 € Gebühren entstehen, wenn der Käufer einen Antrag auf den sogenannten Käuferschutz stellt (PayPal, 2021a).

Trotz der Gebühren für Händler wird PayPal in Deutschland insbesondere im E-Commerce in praktisch allen großen Online-Shops als Zahlart angeboten und kann als eine der wichtigsten Zahlarten angesehen werden (ibi research, 2020). Nach dem Kauf auf Rechnung mit einem Marktanteil im Online-Handel am Umsatz von 30,4 % liegt PayPal mit einem Marktanteil von 24,9 % vor allen andere Zahlarten wie etwa der Bezahlung per Lastschrift oder per

Kreditkarte (EHI Retail Institute, 2021). Die hohe Relevanz von PayPal im E-Commerce dürfte insbesondere durch die Konsumenten beziehungsweise Privatkunden getrieben sein, wobei zwei wesentliche Faktoren zu nennen sind:

1. Die kostenfreien, persönlichen Transaktionen unter Privatkunden machen PayPal zu einer attraktiven Alternative zum Bargeld, wenn es um die einfache – das heißt ohne langes Diktieren von IBAN-Nummern – Abwicklung von C2C-Zahlungen geht. Dadurch genießt PayPal schon ohne Berücksichtigung geschäftlicher Transaktionen eine enorm hohe Verbreitung unter Konsumenten.

2. Insbesondere der PayPal-Käuferschutz, mit dem Verbraucher ihr Geld für über PayPal bezahlte Online-Bestellungen, die nicht ankommen oder nicht der Angebotsbeschreibung entsprechen, von PayPal zurückfordern können, machen PayPal zu einer attraktiven Alternative insbesondere zur Zahlung per Überweisung/Vorkasse (PayPal, 2021c). Gerade im Kontext von eBay-Auktionen, die aus Sicht vieler Konsumenten mit gewissen Unsicherheiten verbunden sind, konnte sich PayPal so als Zahlart durchsetzen. ◄

5.3.4 Community

Community-Modelle zeichnen sich durch eine starke Bindung ihrer Nutzer aus, die aktiv zum Angebot des Modells beitragen. Die Verdienstmöglichkeiten ergeben sich einerseits aus der Vermarktung der von den Nutzern geschaffenen Inhalte, also über Werbung im weitesten Sinne, und andererseits aus Einnahmen, die entweder auf Premium-Services für Nutzer beruhen oder aus Geldspenden zustande kommen. Seit der ursprünglichen Unterteilung von webbasierten Geschäftsmodellen von Rappa (2004) haben sich die Community-Modelle unter allen Modellen vermutlich am stärksten weiterentwickelt.

Rappa unterscheidet ursprünglich vier Formen der Community-Modelle, die an dieser Stelle auch gleich jeweils kurz mit einem entsprechenden Praxisbeispiel erläutert werden.

- **Open Source** meint die ehrenamtliche Entwicklung von kostenfrei zur Verfügung stehender Software wie etwa der Statistiksprache R. Deren Weiterentwicklung wird von einer Vielzahl von Freiwilligen übernommen, während die als Non-Profit Organisation agierende R Foundation als Koordinationspunkt dieser Entwicklung verstanden werden kann und zum Beispiel die

Dokumentation bereitstellt. Die R Foundation wird vor allem über Spenden finanziert.

- **Open Content**-Modelle kümmern sich um die Bereitstellung von kostenfreien Inhalten, die ihrerseits wiederum durch eine große Basis freiwilliger Helfer geschaffen werden. Das weltweit populärste Beispiel ist Wikipedia, das der Non-Profit Organisation Wikimedia Foundation gehört, die die Infrastruktur der Wikipedia betreibt. Auch Wikipedia wird vor allem durch Spenden finanziert.
- **Public Broadcasting** meint Geschäftsmodelle, die TV- und Radioangebote kostenfrei im Internet bereitstellen und im Ursprung vor allem durch Nutzer- spenden refinanziert wurden. Aus heutiger Sicht spielen solche Modelle nur noch eine nachgelagerte Rolle und wurden vor allem durch Unternehmen wie YouTube (Videos), Twitch (Streaming für Games) und diverse Plattformen für Podcasts abgelöst. Die meisten dieser Unternehmen funktionieren mit Blick auf die Erträge im Kern ähnlich: Einerseits monetarisieren sie das von den Nutzern erstellte Content-Angebot über Werbeeinnahmen, andererseits beteiligen sie die Content-Ersteller teilweise an diesen Einnahmen.
- **Social Networking Services** wie Facebook, Twitter, Instagram oder TikTok gehören mittlerweile zu den größten Plattformen im Internet und ermög- lichen es ihren Nutzern, vor allem über die Erstellung von und Interaktion mit Inhalten miteinander in Verbindung zu treten. Social Networking Services werden in der Regel über Werbeeinnahmen, seltener durch das Angebot kostenpflichtiger Services, monetarisiert. Dabei spielen die auf Basis der Nutzerdaten zur Verfügung stehenden Targeting-Möglichkeiten eine wesent- liche Rolle.

5.3.5 Infomediary

Die Relevanz von Intermediären wurde bereits im Kontext der Wertschöpfung von Market Makern besprochen (Abschn. 5.1.4) und lässt sich auch auf die Nutzung von Daten übertragen. Information Intermediaries, kurz Infomediaries, sammeln Daten über Konsumenten, analysieren diese und bereiten sie so auf, dass Unternehmen diese Daten zum Beispiel zur Marketing- und Vertriebsunter- stützung nutzen können. Auch der umgekehrte Fall, also die Bereitstellung von Informationen über Unternehmen für Verbraucher ist grundsätzlich denkbar. Zu bemerken ist, dass die Quellen von konsumentenbezogenen Daten vielfältig sein können und insbesondere die sozialen Medien, aber auch die voranschreitende Verbreitung immer besserer Tracking-Technologien in den vergangenen Jahren neue Möglichkeiten insbesondere im Bereich der Massendatenerhebung und -verarbeitung eröffnet haben.

Rappa (2010) unterscheidet unter anderem drei Arten von Infomediary-Modellen:

- **Advertising Networks** bündeln Publisher, die Werbeflächen verkaufen, und verbinden diese mit Werbetreibenden. So können die Werbetreibenden ihre Marketingkampagnen deutlich einfacher einem großen Publikum präsentieren. Zusätzlich erheben Advertising Networks Daten über Webnutzer und stellen diese zu Targeting-Zwecken bereit. Während in den Anfängen einfache Displaybanner die wesentliche Rolle spielten, werden mittlerweile eine Vielzahl weiterer Werbemittel, etwa Videos oder Produktdatenfeeds, bereitgestellt. Zusätzlich bieten Advertising Networks häufig und je nach Werbetreibendem verschiedene Vergütungsmodelle für Publisher an, etwa auf Cost-per-Impression-, -Click-, – Lead- oder -Conversion-Basis. Zu den weltweit größten, vor allem auf Affiliate Marketing spezialisierten Advertising Networks gehört die Berliner AWIN AG des Axel Springer-Konzerns.

- **Audience Measurement Services** wie Nielsen (The Nielsen Company, London, UK) können als Marktforschungsunternehmen verstanden werden, die Unternehmen dabei helfen, deren Zielgruppen in Bezug auf klassische Fragestellungen der Marktforschung, etwa im Kontext der Mediennutzung oder der Markenbekanntheit und -wahrnehmung, besser zu verstehen. Mit der zunehmenden Relevanz digitaler Medien hat sich entsprechend auch die Marktforschung verändert und bietet mittlerweile auch viele Lösungen im Digitalbereich.

- **Incentive Marketing**-Modelle bieten Konsumenten – häufige monetäre – Anreize wie Gutscheine oder Bonuspunkte für den Einkauf bei bestimmten Einzelhändlern. Neben der reinen Verteilung dieser Kaufanreize gehört die gezielte Aussteuerung an bestimmte Zielgruppen zu den wesentlichen Wertangeboten von Incentive Marketing-Modellen, wobei Unternehmen wie beispielsweise Payback hierzu in hohem Maße auf Nutzerdaten unterschiedlichster Art angewiesen sind, um diese entsprechend für Targeting-Zwecke zu nutzen und so monetarisieren zu können.

Beispiel: Ailon

Einen interessanten Infomediary-Ansatz stellt das Geschäftsmodell der auf künstlicher Intelligenz und Big Data basierenden Marktforschungssoftware Ailon (angelehnt an „Artificial Intelligence") der deutschen Firma Erason dar.

Während herkömmliche Marktforschung vor allem auf in Auftrag gegebenen Datenerhebungen, insbesondere durch Umfragen, und der Auswertung durch Methoden der deskriptiven Statistik beruht, verfügt Ailon über zehntausende Attribute und Affinitäten von mehreren Millionen Konsumenten, die mit Hilfe von Big Data-Technologien gespeichert und unter Einsatz von Methoden aus dem Bereich der künstlichen Intelligenz ausgewertet werden können.

Quelle dieser Daten sind insbesondere Nutzerprofile aus sozialen Netzwerken, die auf Basis digitaler Fußabdrücke von Ailon zu einer repräsentativen Stichprobe der Gesellschaft zusammengeführt werden. So ist das deutsche Start-Up in der Lage, Produkt- und Markenaffinitäten zu berechnen und in vielfältiger Weise Zielgruppen anhand echter Marktdaten zu identifizieren (Erason GmbH, 2021). ◄

5.3.6 Merchant

Das Merchant-Modell beschreibt ein Geschäftsmodell, dessen Kern der klassische Mechanismus des Verkaufens von Gütern und Dienstleistungen, allerdings übertragen auf das Internet, ist (Rappa, 2010). Der Begriff des Merchant-Modells ist praktisch in weiten Teilen deckungsgleich mit dem häufiger verwendeten Begriff des E-Commerce.

Die im Folgenden genannten vier Arten von Merchants unterscheiden sich mit Blick auf die weiteren Vertriebskanäle und die Art der verkauften Güter:

- **Virtual Merchants** sind Händler, die (vor allem physische) Güter verkaufen, dabei ausschließlich das Internet als Vertriebskanal nutzen und entsprechend auch nur über das Internet Bestellungen annehmen.
- **Catalog Merchants** nutzen neben dem Internet und meist aus der Historie heraus auch Kataloge als Vertriebskanal und bieten zumeist mehrere Bestellwege, insbesondere einen Online-Shop, das Telefon und die Bestellung über ein auf Papier gedrucktes, analoges Bestellformular. Nachdem große Catalog Merchants wie Quelle und Neckermann in den späten 2000er- und frühen 2010er-Jahren ihr ursprüngliches Modell einstellen mussten, sind Catalog Merchants heute vor allem im Bereich der Spezialversender zu finden.
- **Click & Mortar**-Modelle sind stationäre Einzelhändler, die darüber hinaus auch einen Online-Shop anbieten und dort, häufig unter gleicher Marke, ihr Handelsgeschäftsmodell entsprechend in das Internet übertragen haben. Neben dem Versand der über den Online-Shop bestellten Produkte ab Lager nutzen viele Click & Mortar-Händler auch ihr Filialnetz, um ihren Kunden einen

Click & Collect-Service anbieten zu können (Deckert & Wohllebe, 2021, S. 30).

- **Bit Vendors** konzentrieren sich auf den Handel mit digitalen Gütern wie Musik, Filmen oder E-Books und wickeln insofern ihr gesamtes Geschäft, inklusive der (im übertragenen Sinne) „Logistik", digital über das Internet ab.

Beispiel: engelbert strauss

Mit seinem Online-Shop, dem Katalog und einem expandierenden Filial-geschäft vereint das auf Berufs- und Arbeitskleidung spezialisierte Unter-nehmen engelbert strauss einerseits das Modell des Catalog Merchant und andererseits das des Click & Mortar-Merchants und kann insofern als Omni-Channel-Retailer bezeichnet werden. Ansässig seit seiner Gründung 1948 in Biebergemünd bei Frankfurt bedient das familiengeführte Unternehmen vor allem gewerbliche Kunden aus den Bereichen Handwerk, Industrie und Dienstleistung (engelbert strauss, 2021a).

Während viele Einzelhändler – der Systematisierung von Rappa (2010) entsprechend – sich den E-Commerce aus ihrer Position als Katalogversender oder Stationärhändler erschlossen haben und das Filialgeschäft in der Tendenz eher zurückfahren, sucht engelbert strauss nach der erfolgreichen Trans-formation vom (vornehmlichen) Katalogversender zum Katalog- & Online-versender aktiv nach neuen Standorten für seine „workwearstores", um das Stationärgeschäft auszubauen (engelbert strauss, 2021b). ◄

5.3.7 Manufacturer (Direct)

Das Manufacturer- beziehungsweise Direct-Modell (im Folgenden „Direct-Modell") kann als eine Ausprägung der gegenläufigen Entwicklung zur Inter-mediation, wie sie bereits im Kontext der Wertschöpfung eines Market Makers besprochen wurde, angesehen wurde (Abschn. 5.1.4). Es ist insofern eine Form der auch von Johnson (2010) aufgegriffenen Disintermediation (Abschn. 5.4). Im Direct-Modell verändern Hersteller, die ihre Produkte bisher vor allem über Zwischenhändler (Großhandel, Einzelhandel) verkauft haben, ihr Geschäfts-modell insofern, als dass sie die Möglichkeiten des Internets nutzen, um ihre Produkte direkt an den schließlichen Endkunden zu verkaufen. Auch der Aufbau eines selbst betriebenen Filialnetzes oder Konzepte wie Pop-up-Stores sind denk-bar, um einen Direktvertrieb abseits der Internets aufzubauen.

Der Direct-Ansatz erfordert einerseits den komplett eigenen Betrieb des vertrieblichen Teils der Wertschöpfungskette, gewährt andererseits aber auch ein hohes Maß an Kontrolle und die Möglichkeit, durch direktes Feedback die Anforderungen und Wünsche der Kunden besser zu verstehen und umzusetzen. Insbesondere können Direct-Modelle höhere Margen beziehungsweise günstigere Verkaufspreise ermöglichen, weil das Umgehen der Zwischenhändler entsprechend Kosten einsparen kann. Insofern ist das Direct-Modell eng verwandt mit dem Integrator-Wertschöpfungstypen (Abschn. 5.1.1).

Rappa (2010) unterscheidet unter anderem drei Direct-Modelle:

- **Purchase** meint den klassischen Verkauf eines Produkts, bei dem der Hersteller das Eigentumsrecht an einer Sache verkauft.
- **Lease** beschreibt den Verkauf des zeitweisen Rechts zur Nutzung eines (zumeist physischen) Produkts, ohne, dass der Käufer dabei Eigentümer der Sache wird, wobei nach Ablauf der vereinbarten Mietdauer die Sache an den Hersteller zurückgegeben wird.
- **License**-Modelle finden sich zum Beispiel im Software-Bereich, wobei der Hersteller das Recht zur Nutzung einer (in der Regel immateriellen) Sache verkauft.

Hinweise zur Art der jeweils generierten Erlöse liefert die Erlössystematik nach Wirtz (Tab. 4.4).

Beispiel: Software – Vom License- zum Lease-Modell

Mit dem Aufkommen von Cloud Computing und der damit verbundenen Entwicklung von Cloud Software, die als „Software as a Service" (im Folgenden „SaaS") vermarktet wird, lassen sich gleich zwei der von Rappa (2010) genannten Modelle beziehungsweise die Transformation von einem zum anderen Modell beschreiben.

Vor der Einführung von SaaS-Modellen wurde Software häufig über ein Lizenzierungsmodell vertrieben. Dabei hat der Kunde zumeist das vollständige und nicht selten zeitlich unbeschränkte Nutzungsrecht an einer Software in einer bestimmten zur Verfügung stehenden Version erworben. Als vielleicht populärstes Beispiel kann Microsoft Office von der Version 1 aus dem Jahr 1989 bis zur Version 2019 gelten, wobei der Kunde die jeweilige Version – genauer: das zeitlich uneingeschränkte Recht zur Nutzung der jeweiligen Version – entsprechend einem License-Modell gekauft hat. Updates und

Support waren dabei jeweils zeitlich beschränkt. Der Vertrieb erfolgte häufig über Zwischenhändler, also den Groß- und Einzelhandel.

Mit der Einführung von Office 2013 hat Microsoft sein Abrechnungs-modell umgestellt und bietet mittlerweile mit Microsoft 365, der „Produktivi-täts-Cloud für Arbeit und Privat" (Microsoft, 2021b), eine auf monatlicher beziehungsweise jährlicher Basis funktionierende Abrechnung an. Für derzeit 69 € pro Jahr erhält der Kunde ähnlich wie bei einem Lease-Modell das Recht, unter anderem Word, Excel, PowerPoint und Outlook für ein Jahr zu nutzen. Neben unbegrenzem Support während der gesamten Abonnement-Laufzeit bietet das Modell für den Nutzer den Vorteil, stets mit der aktuellsten Version der Software arbeiten zu können (Microsoft, 2021a). Microsoft 365 wird vom Privatkunden direkt über den Hersteller bezogen.

Microsoft profitiert vor allem in zwei Punkten:

1. Weil das Produkt direkt über Microsoft bezogen wird, werden Zwischen-händler entsprechend umgangen. So kann das Unternehmen seine Marge steigern.

2. Weil die Software nicht mehr einmalig gekauft – und dann unter Umständen viele Jahre genutzt – wird, sondern das Abonnement jährlich verlängert werden muss, lassen sich wiederkehrende und damit langfristig potenziell höhere Umsätze generieren. ◄

5.3.8   Subscription

Subscription-Modelle verkaufen Abonnements für digitale Produkte beziehungs-weise Angebote und generieren so wiederkehrende Erträge. Charakteristisch ist dabei, dass Nutzer im Grundsatz nicht für die tatsächliche Nutzung des Angebots, sondern für den Zugang zu selbigem bezahlen (Rappa, 2010). Entsprechend werden gemäß der Systematik der Umsatzquellen nach Osterwalder und Pigneur (2010, S. 31 f.) also Subscription Fees (und nicht etwa Usage Fees) generiert (Tab. 4.3). Subscription-Modelle werden häufig mit Freemium- (Abschn. 5.4) oder Advertising-Modellen (Abschn. 5.3.1) kombiniert, bei denen der Nutzer das digitale Angebot auch kostenfrei, jedoch funktional oder in der Nutzungsintensi-tät eingeschränkt oder mit eingeblendeter Werbung nutzen kann.

Rappa (2010) unterscheidet unter anderem drei Arten von Subscription-Modellen:

- **Content Services** bieten den Zugang zu digitalen Inhalten im weitesten Sinne, also etwa zu Musik, Filmen und Serien, aber auch zu Texten, etwa journalistischen Inhalten, an. Insofern sind neben großen Anbietern wie Netflix und Spotify auch sämtliche Zeitschriften und Zeitungen, die, von einem klassischen „Papier-Abonnement" kommend, ihre journalistischen Texte hinter einer sogenannten Paywall im Abonnement anbieten, als mögliche Beispiel zu nennen.
- **Person-to-Person Networking Services** sind auf Abonnement-Basis abgerechnete soziale Netzwerke im weitesten Sinne, bei denen Nutzer eigene Angaben machen können und auf Basis dieser Angaben mit anderen Nutzern des selben Netzwerks in Kontakt treten können. Neben den beruflichen Netzwerken LinkedIn und XING, die beide auch bezahlte Mitgliedschaften anbieten und insofern als Kombination aus Subscription-, Freemium- und Advertising-Modell anzusehen sind, gehören zum Beispiel auch Partner- und Single-Börsen häufig zu den Person-to-Person Networking Services.
- **Trust Services** sollen die Kompetenz und das Engagement ihrer Kunden oder Mitglieder in einem bestimmten Themenfeld unterstreichen und so bei Dritten Vertrauen schaffen. Eines der im E-Commerce vielleicht bekanntesten Beispiele für einen Trust Service ist das Unternehmen Trusted Shops, das Online-Shops einem Zertifizierungsprozess unterzieht und so deren Vertrauenswürdigkeit gegenüber Verbrauchern mit dem eTrusted-Siegel zertifiziert (TRUSTED SHOPS GmbH, 2021).

Beispiel: Deutsche Gesellschaft für Online-Forschung e. V.

Die Deutsche Gesellschaft für Online-Forschung e. V., kurz DGOF, ist ein Verein, der es sich zur Aufgabe gemacht hat, „ein Forum zu schaffen für Personen und Institutionen, die sich mit Methoden, Anwendungen und Ergebnissen der Online-Forschung beschäftigen" (DGOF e. V., 2021a). Gegründet im Jahr 1998 ist der als gemeinnützig anerkannte Verein kein typisches Beispiel für ein Subscription-Geschäftsmodell. Gleichwohl lassen sich am Beispiel der DGOF, aber auch anhand anderer, ähnlicher Vereinigungen wie etwa Berufsverbänden, insbesondere die Subscription-Modelle der Person-to-Person Networking Services und der Trust Services plastisch darstellen.

Organisiert als eingetragener Verein können die Vereinsmitglieder der DGOF als ihre Kunden betrachtet werden. Entsprechend stellen die Umsätze aus den Mitgliedsbeiträgen die wohl wesentliche Einnahmequelle des Vereins dar, wobei eine persönliche Mitgliedschaft 100 € pro Kalenderjahr kostet und sich ohne Kündigung automatisch jedes Jahr entsprechend verlängert. Insofern kann der Mitgliedsbeitrag als Subscription Fee verstanden werden, der im Grundsatz unabhängig von der tatsächlichen Nutzung der Angebote der DGOF erhoben wird.

Im Sinne eines Person-to-Person Networking Service stellt die DGOF ihren Mitgliedern eine Kommunikationsplattform bereit, richtet verschiedene Veranstaltungen wie Konferenzen und Workshops aus und ermöglicht so die Vernetzung der Mitglieder untereinander auf Basis des gemeinsamen Interesses an der Online-Forschung. Die DGOF spricht in diesem Zusammenhang unter anderem vom „Zugang zu einem interdisziplinären Netzwerk von kompetenten Expertinnen und Experten im Bereich der Online-Markt- und Sozialforschung" sowie „Möglichkeiten, Ihre Arbeiten und Studien im Bereich der Online-Forschung einem Kreis von Expertinnen und Experten vorzustellen und mit ihnen zu diskutieren" (DGOF e. V., 2021b).

Auch kann die DGOF als Beispiel für einen Trust Service verstanden werden. Durch die Mitgliedschaft in der DGOF können mit der Online-Forschung im weitesten Sinne befasste Personen ihr Interesse an dem Themenfeld glaubhaft darlegen und ihre Kompetenz in diesem Bereich unterstreichen. Die DGOF spricht in diesem Zusammenhang von einer Erhöhung der „Reputation als Mitglied eines Berufs- bzw. Fachverbands, der sich für die Etablierung und Einhaltung wissenschaftlicher Standards bei der Durchführung von Online-Forschungsprojekten einsetzt und der aktiv an der Erarbeitung und Weiterentwicklung der Standesregeln der deutschen Markt- und Sozialforschung mitwirkt" und stellt ihren Mitgliedern zudem ein „Personal Member-Logo [...], welches Sie in Ihrer persönlichen Kommunikation verwenden können" zur Verfügung (DGOF e. V., 2021b). ◄

5.3.9 Utility

Das Utility-Modell ist das Gegenstück zum Subscription-Modell. Es erhebt entsprechend keine nutzungsunabhängigen Subscription Fees für Abonnements, sondern generiert Erträge auf Basis von Usage Fees, also nutzungsabhängigen Gebühren (Tab. 4.3). Utility-Geschäftsmodelle im Verständnis von Rappa (2010) entsprechen somit dem von Johnson (2010) benannten Pay-as-you-go-Ansatz und gehören wohl zu den verbreitetsten Geschäftsmodellen der analogen Welt, wie etwa bei der Energie- und Wasserversorgung. Auch digitale Angebote wurden in den Anfängen häufig als Utility-Modell aufgesetzt und nutzungsabhängig – etwa in Form der Abrechnung pro Minute oder pro Megabyte bei der Telefon- oder Internetnutzung – abgerechnet.

In der Praxis von hoher Relevanz ist die Kombination von Utility- und Subscription-Modellen, etwa bei Inter-Connection-Geschäftsmodellen, die mitunter sowohl nutzungsunabhängige (fixe) als auch nutzungsabhängige (variable) Gebühren erheben (Abschn. 5.2.4). Ebenfalls denkbar ist auch das Angebot einer nutzungsabhängigen (häufig ab einem gewissen Punkt vergleichsweise teuren) Abrechnung im Sinne eines Utility-Modells, um – eine entsprechend hohe Nutzung unterstellend – die Preisvorteile einer nutzungsunabhängigen Abrechnung bei Abschluss eines Abonnements im Sinne eines Subscription-Modells darstellen zu können.

Rappa (2010) unterscheidet weiterhin zwischen der **Metered Usage,** also der einfachen, nutzungsabhängigen Abrechnung, und den **Metered Subscriptions,** wobei der Kunde über ein (nutzungsunabhängig abgerechnetes) Abonnement zum Beispiel den Zugang zu einer Software erhält und für deren Nutzung dann (nutzungsabhängig) abgerechnet wird.

Insofern kann ein Telekommunikationsanbieter, der von seinen Kunden einerseits eine monatliche Grundgebühr verlangt und andererseits zusätzlich die getätigten Telefonate pro Minute abrechnet, als ein Metered Subscriptions Utility-Modell verstanden werden.

5.4 Geschäftsmodellanalogien

Eine weitere Möglichkeit zur Systematisierung von Geschäftsmodellen ist die Verwendung von Analogien, „die Geschäftsmodelle [...] aufgrund des Leistungs- und Ertragskonzepts unterscheiden" (Bieger & Reinhold, 2011, S. 61). Bereits mehrfach in einschlägiger Fachliteratur aufgegriffen gehört der von Johnson (2010) präsentierte Ansatz zu den vielleicht bekanntesten Auflistungen von Analogien (Bieger & Reinhold, 2011, S. 61; Nagl & Bozem, 2018, S. 21). Ähnlich wie bei den „Business Models on the Web" nach Rappa (2010) handelt es sich bei diesen Analogien eher um eine auf Beobachtungen basierende Taxonomie als um eine theoretisch hergeleitete Typologie (Kap. 5).

Aufgrund vieler Überschneidungen mit im Rahmen dieses Buchs bereits diskutierten Geschäftsmodellen und Systematisierungsansätzen werden die Geschäftsmodellanalogien nach Johnson (2010) im Folgenden nur kurz dargestellt (Tab. 5.3).

Tab. 5.3 Geschäftsmodellanalogien

Analogie	Beschreibung	Beispiel	Querverweis
Auction	Durchführung von Auktionen als spezielle Form des Broker-/Brokerage-Modells	eBay	Abschn. 5.2.2 und 5.3.3
Bait & Hook	Verkauf von günstigem Basis-produkt, langfristige Monetarisierung über Verkauf komplementärer Produkte/Verbrauchs-materialien	HP, Gilette, Oral-B	Abschn. 2.2.1
Bricks & Clicks	Verknüpfung von Online- und Offline-Komponenten zur Verkaufsanbahnung & -abwicklung	engelbert strauss	Abschn. 5.3.6
Broker	Vermittlung zwischen Angebot und Nach-frage, häufig auf einer eigenen Plattform	PayPal	Abschn. 5.1.4 und 5.3.3
Bundling	Kundenvorteile durch Verkauf von Produkten und Dienstleistungen im Verbund	iPhone & iTunes	Abschn. 6.3
Communities	Angebot von Mehr-werten für Mitglieder einer Community, teils gegen Gebühr, teils finanziert durch Werbeeinnahmen	Facebook	Abschn. 5.2.4 und 5.3.4
Crowdsourcing	Meist kostenfreie Wertschöpfung durch Community, häufig Inhalte; im Gegenzug Zugriff auf Inhalte anderer	YouTube	Abschn. 5.2.4 und 5.3.4

(Fortsetzung)

Tab. 5.3 (Fortsetzung)

Analogie	Beschreibung	Beispiel	Querverweis
Disintermediation	Direkter Vertrieb an Kunden unter Ausschaltung von Zwischenhändlern/ Intermediären	Microsoft	Abschn. 5.1.4 und 5.3.7
Fraktionalisierung	Verkauf von Teileigentum an einem (zumeist teuren) Produkt	NetJets	Abschn. 4.1.1
Freemium	Kostenfreie Nutzung eines Angebots in einer Basisversion mit kostenpflichtigen Zusatzangeboten	Spotify	Abschn. 5.2.4 und 5.3.8
Low-Cost/Low-Touch	Standardisiertes, kostengünstiges Angebot eines üblicherweise deutlich teureren Produkts	Ryanair	
Pay-as-you-go	Nutzungsabhängige Abrechnung von Produkten und Dienstleistungen	Telekom Prepaid	Abschn. 5.2.1 und 5.3.9
Product-as-a-service	Transformation von Produkten in Dienstleistungen & Verkauf dieser Dienstleistungen („Servitization")	Hilti	Abschn. 3.1
Subscription	Verkauf von Zugängen in Form von Abonnements, nutzungsunabhängig abgerechnet	Netflix	Abschn. 5.2.1 und 5.3.8

Modifiziert entnommen von Bieger und Reinhold (2011), angelehnt an Johnson (2010)

Fazit

Mit den unterschiedlichen Wertschöpfungstypen, dem 4C-Net Business Modell, den Business Models on the Web und den Geschäftsmodellanalogien stehen verschiedene Möglichkeiten zur Verfügung, Geschäftsmodelle zu systematisieren und so ähnliche, miteinander vergleichbare Geschäftsmodelle zu identifizieren. Die einzelnen Systematisierungsansätze überschneiden sich zum Teil, einzelne Elemente finden sich in gleicher oder ähnlicher Form teils in verschiedenen Typologien und Taxonomien. Die Betrachtung verschiedener Beispiele zeigt, dass in der Praxis mitunter Mischformen anzutreffen sind. ◄

Wirkungszusammenhänge in der Internet-Ökonomie

6

Mit der steigenden Relevanz digitaler Geschäftsmodelle hat sich in den vergangenen Jahren ein zunehmendes Bewusstsein für die spezifischen Wirkungszusammenhänge der Internet-Ökonomie entwickelt. Im Mittelpunkt dieser Wirkungszusammenhänge stehen die Skalen-, Netzwerk- und Lock-in-Effekte, die, jeweils miteinander zusammenhängend und sich insofern selbst und gegenseitig verstärkend, zu sogenannten Winner-takes-it-all-Märkten führen. Clement et al. (2019, S. 238 ff.) nennen Winner-takes-it-all-Märkte „Gewinnermärkte", die sich dadurch auszeichnen, dass zumeist ein einzelnes oder nur einige wenige Unternehmen eine sehr starke Position im Markt einnehmen, während die meisten anderen Anbieter nur unwesentliche Marktanteile für sich beanspruchen können. Beispiele dazu finden sich in zahlreichen digitalen Märkten, unter anderem im Bereich der Suchmaschinen (Google), des E-Commerce (Amazon) oder der sozialen Netzwerke (Facebook).

Im Rahmen der Geschäftsmodellanalyse stellt die Identifikation von Skalen-, Netzwerk- und Lock-in-Effekten und möglichen Ansätzen zur Kombination dieser einen wichtigen Baustein dar, um den Erfolg einzelner Geschäftsmodelle erklären zu können. Gleichzeitig liefern die drei „Ringe der Marktmacht", wie sie Clement et al. (2019, S. 243 f.) nennen, wertvolle Inspirationen für mögliche eigene Geschäftsmodellinnovationen.

Dieses Kapitel beschreibt zunächst jeweils die drei genannten Effekte. Anschließend wird das Zusammenwirken dieser Effekte erörtert und mit Blick auf das Wettbewerbsprinzip kurz diskutiert.

Beispiel: Winner-takes-it-all – Marktanteile im Suchmaschinenmarkt

Laut einer Erhebung von StatCounter (2021) teilen sich gerade einmal drei Anbieter rund 96 % des gesamten Suchmaschinenmarktes in den USA. Dabei

© Der/die Autor(en), exklusiv lizenziert durch Springer Fachmedien Wiesbaden GmbH, ein Teil von Springer Nature 2022
A. Wohllebe, *Geschäftsmodelle systematisch analysieren*,
https://doi.org/10.1007/978-3-658-36258-4_6

nimmt Google mit 81 % Marktanteil die klar dominierende Position ein. Bing belegt mit rund 11 % Marktanteil den zweiten Platz. Schon Yahoo auf Platz 3 mit rund 4 % spielt im Suchmaschinenmarkt aktuell praktisch wohl kaum eine Rolle. ◄

6.1 Skaleneffekte

Der Grundgedanke der Skaleneffekte stammt aus der Produktionstheorie beziehungsweise der Mikroökonomie und beschreibt den mit steigender Produktionsmenge abnehmenden Anteil der Fixkosten an den Gesamtstückkosten. Praktisch führt eine Steigerung der Produktionsmenge zu in Summe sinkenden Stückkosten, sodass das produzierende Unternehmen – bei gleichem Verkaufspreis – höhere Margen erzielen oder den Verkaufspreis für das Produkt senken kann. Sofern mit dieser Verkaufspreissenkung die Nachfrage entsprechend steigt und das Unternehmen die gestiegene Nachfrage durch eine weitere Erhöhung der Produktionsmenge bedienen kann, entsteht ein sich selbst verstärkender Kreislauf (Abb. 6.1).

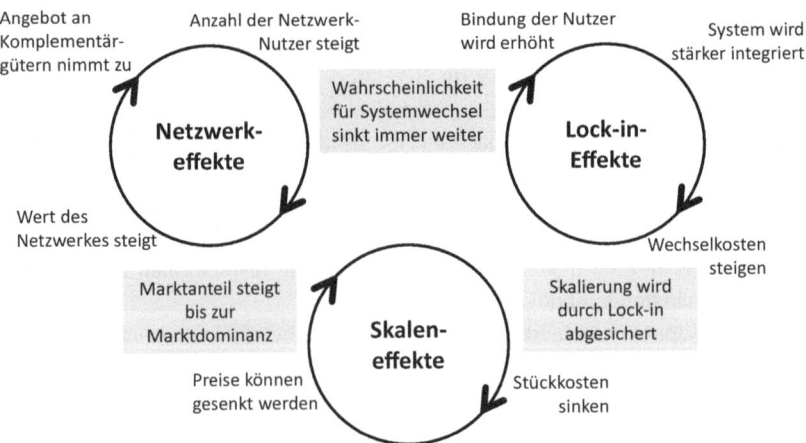

Abb. 6.1 Skalen-, Netzwerk- und Lock-in-Effekte in Kombination. (Modifiziert entnommen von Clement et al. 2019, S. 244)

Im Kontext der Internet-Ökonomie sind Skaleneffekte insofern von besonderer Relevanz, als dass digitale Güter mitunter keine oder zumindest zu vernachlässigende variable Stückkostenanteile aufweisen. So spielt es, Fragen etwa der Lizensierung an dieser Stelle nicht berücksichtigend, zum Beispiel keine Rolle, ob ein im Internet bereitgestelltes Video 50 oder 500.000 mal aufgerufen wird. Wurde das Video einmal produziert (Fixkosten), sind die Grenzkosten praktisch zu vernachlässigen (Clement et al., 2019, S. 240 f.).

6.2 Netzwerkeffekte

Bereits im Jahr 1980 hat Robert Metcalfe (2013) den Gesamtwert eines Netzwerks als proportional zum Quadrat der Teilnehmer anwachsend, nämlich als die Anzahl der möglichen Verbindungen (N) zwischen den Netzwerkteilnehmern n beschrieben und damit die Grundlage für den Begriff der Netzwerkeffekte gelegt.

$$N = \frac{n * (n - 1)}{2}$$

Obgleich diese konkrete Bezifferung in der Zwischenzeit wohl als widerlegt anzusehen ist, liefert sie doch einen grundsätzlichen Ansatz zur Beschreibung des Wertes diverser als Netzwerk zu verstehender Technologien (Briscoe et al., 2006). So lassen sich mit dem sogenannten Metcalfe'schen Gesetz unter anderem der Wert des Internets oder des Telefons verstehen.

Als heute besonders plastisches Beispiel kann das Grundprinzip anhand sozialer Netzwerke erklärt werden. Ein soziales Netzwerk, das von nur einem Nutzer genutzt wird, hat entsprechend dem Metcalfe'schen Gesetz keinen Wert, da es keine Verbindungen zu anderen Nutzern gibt. Bei fünf Nutzern liegt die Anzahl der Verbindungen bei zehn und bei zehn Nutzern sind bereits 45 Verbindungen möglich. Mit jeder potenziell möglichen Verbindung steigt dabei, angelehnt an Metcalfe, der Wert des sozialen Netzwerks für seine Mitglieder.

Ähnlich den Skaleneffekten bilden auch die Netzwerkeffekte für sich genommen einen Kreislauf. Nehmen neue Nutzer an einem Netzwerk teil, steigt der Wert eines Netzwerks für seine bestehenden Nutzer. Entsprechend können auch weitere potenziell interessierte Nutzer einen höheren Wert erwarten. So kommen erneut Nutzer hinzu und das Netzwerk beginnt, sich selbst zu verstärken (Clement et al., 2019, S. 241 f.).

Bei der Etablierung neuer, auf Netzwerken basierender Geschäftsmodelle stellen Netzwerkeffekte zunächst vor allem eine Herausforderung dar. Weil das

Netzwerk am Anfang noch keine oder nur sehr wenige Nutzer hat, hat es, insbesondere im Vergleich zu potenziell bereits bestehenden, ähnlichen Netzwerken, noch keinen oder nur einen sehr geringen Wert. Im Volksmund handelt es sich dabei um ein „Henne-Ei-Problem". Dieser Umstand muss in den Überlegungen zu möglichen Markteintrittsstrategien entsprechend Berücksichtigung finden.

Auch im Kontext Plattform-basierter Geschäftsmodelle, die zwischen Angebot und Nachfrage im weitesten Sinne vermitteln, sind Netzwerkeffekte von besonderer Relevanz. Ralf Leister, Head of Customer Experience & Services bei BAUR und selbstständiger Moderator, erklärt dazu:

Plattformen sind aus unserer Welt kaum noch wegzudenken und wir nutzen sie alle. Typische Beispiele für Plattformen sind die Unternehmen Amazon, Spotify und Airbnb, aber auch unsere sozialen Netzwerke wie LinkedIn, Instagram, Twitter und Clubhouse.

Theoretisch gesprochen bringt der Anbieter einer Plattform Angebot und Nachfrage über die von ihm bereitgestellte technische Infrastruktur zusammen. Aus diesem Grund hat das Unternehmen, das die Plattform betreibt, mindestens zwei Kundengruppen: (1) die Anbieter eines Produktes beziehungsweise einer Dienstleistung und (2) Endkund*innen.

Ohne Airbnb wären viele Reisende beispielsweise gar nicht auf ihre Unterkunft für die Ferien oder ihre Geschäftsreise aufmerksam geworden und Vermieter*innen hätten Leerstand beklagt. Diese Bedürfnisse werden von Airbnb gedeckt. Für das erfolgreiche Zusammenbringen beider Kundengruppen und die Abwicklung der daraus resultierenden Transaktion erhält die Plattform eine Provision.

Eine Plattform ist also nur dann erfolgreich, wenn sie beide Kundengruppen gleichermaßen anspricht und von ihrer angebotenen Lösung überzeugen kann. In diesem Zusammenhang hat sich der Begriff Netzwerkeffekte etabliert. Von Netzwerkeffekten wird in Theorie und Praxis dann gesprochen, wenn sich der Nutzen einer Plattform für einzelne Parteien beider Kundengruppen durch zusätzliche Plattformteilnehmende erhöht. Der Wert von Airbnb ist für Unterkunftssuchende demnach größer, je mehr Unterkünfte auf der Plattform angeboten werden. Dasselbe gilt für die Seite der Anbietenden: Je mehr Konsument*innen bei Airbnb nach einer Unterkunft suchen, desto attraktiver ist die Plattform für sie.

Die schwierigste Phase in der Entwicklung einer Plattform ist somit der Anfang und die Gewinnung der ersten Parteien beider Kundengruppen. In diesem Zusammenhang wird häufig vom sogenannten Henne-Ei-Problem gesprochen. Gerade in der Anfangszeit darf sich eine Plattform nicht nur auf eine der beiden Kundengruppen fokussieren. Hätte Airbnb zu Beginn beispielsweise nur Endkund*innen angesprochen und die Angebots-Seite komplett vernachlässigt, hätten die Reisewilligen keine einzige Unterkunft vorgefunden. Dasselbe Prinzip gilt auch andersherum. Es hätte für Airbnb keinen Wert, wenn die Plattform alle Unterkünfte der Welt auflisten könnte, aber keine Endkund*innen auf ihrer Webseite danach suchten.

Aus genau diesem Grund ist innerhalb von Märkten, in denen Plattformen aktiv sind, häufig der sogenannte Winner-takes-it-all-Effekt beobachtbar. Hierbei konzentrieren sich beide Kundengruppen auf die Plattform, die die höchste Chance auf eine erfolgreiche Transaktion bietet. Der Wettbewerb von Plattformen ist demnach sehr kapitalintensiv, da die technischen Unterschiede einzelner Plattformen häufig marginal sind. Im Kampf um beide Kundengruppen wird deshalb vor allem ins Marketing investiert.

Während dieser Zeit sind Plattformen häufig im Investitionsmodus. Sie erwirtschaften bewusst keine oder nur niedrige Gewinne. Sobald der Wettbewerb jedoch entschieden ist, kann die Plattform in einem monopolartigen Markt ihre Gewinne erhöhen, indem das Marketing reduziert und/oder die Kosten für die Kundengruppen erhöht werden. Auch darüber hinaus wird Gewinnern von Plattformwettbewerben häufig die Ausnutzung ihrer dominierenden Stellung vorgeworfen. Aus diesem Grund sehen die Kartellbehörden besagte Unternehmen sehr kritisch.

Auch in sozialen Netzwerken sind die beschriebenen Ansätze wiederzufinden. LinkedIn benötigt beispielsweise Personen, die Inhalte erstellen und solche, die sie konsumieren beziehungsweise darauf reagieren. In diesem Zusammenhang wird von der 90-9-1 Regel gesprochen, die die Nutzenden von Social Media Plattformen in drei Gruppen einteilt:
- Demnach erstellen und teilen 1 % aller Social Media Nutzenden aktiv Inhalte.
- Auf diese wiederum reagieren die 9 % der sich gelegentlich Beteiligenden.
- Mit 90 % ist die große Mehrheit der Nutzenden von Social Media Plattformen komplett passiv und konsumiert lediglich.

Sowohl beim Aufbau als auch bei der Weiterentwicklung von Plattformgeschäftsmodellen müssen demnach zwei Seiten an Kund*innen begeistert werden. Diese Herausforderung ist nicht zu unterschätzen.

6.3   Lock-in-Effekte

Über Lock-in-Effekte sollen Kunden in ein Angebot „eingeschloßen" und so dauerhaft daran gebunden werden. Im Kern geht es dabei darum, gezielt Wechselbarrieren aufzubauen, die die Wechselkosten für den Kunden so stark erhöhen, dass er von einem Wechsel zu einem konkurrierenden Angebot absieht.

Clement et al. (2019, S. 242 f.) beschreiben Lock-in-Effekte als Kreislauf, wobei sie die Angebote und Produkte, in die ein Kunde eingeschlossen werden soll, als „Systeme" begreifen. Durch eine zunehmende Integration in ein System erhöhen sich die Wechselkosten, das System zu verlassen. Entsprechend sinkt die Wahrscheinlichkeit eines Systemwechsels und die Kunden werden stärker an das System gebunden. Mit weiteren Investitionen in das System durch die Nutzer erhöht sich die Integration immer weiter und der Kreislauf beginnt von neuem.

Wechselbarrieren können zum Beispiel technologischer oder rechtlicher Natur sein, aber auch durch zeitliche oder emotionale Investitionen von Kunden entstehen, wie sich am Beispiel von MMORPGs zeigt.

Beispiel: Emotionaler Lock-in-Effekt bei MMORPGs

In Massively Multiplayer Online Role-Playing Games (oder einfach nur Online-Rollenspielen) wie World of Warcraft bauen die Spieler über teils tausende Spielstunden virtuelle Charaktere auf, sammeln Ausrüstungsgegenstände, finden sich in Gruppen (Partys, Gilden, Clans o. ä.) zusammen und lösen, teils alleine, teils gemeinsam Aufgaben. Durch die im Spiel verbrachte Zeit und den Spielerfolg, aber auch durch soziale Kontakte innerhalb des Spiels und den Einsatz von realem Geld tätigen die Spieler hohe monetäre, zeitliche und emotionale Investments, die einen Lock-in-Effekt verursachen. ◄

Clement et al. (2019, S. 251) charakterisieren sechs verschiedene Arten von Lock-in-Effekten, wie Tab. 6.1 zeigt. Zu jeder Art von Lock-in-Effekt benennen sie dazu, welche Folgen sich aus einem Wechsel ergeben und konkretisieren die Wechselkosten.

Eine weitere Möglichkeit, Lock-in-Effekte zu systematisieren, ist die Unterscheidung zwischen aktiven und passiven Lock-in-Effekten, welche insbesondere

Tab. 6.1 Arten von Lock-in-Effekten

Art des Lock-in-Effekts	Folgen des Wechsels	Wechselkosten
Verpflichtung aus Verträgen	Entschädigungs- oder Schadensersatzzahlungen	Künstliche Wechselkosten
Kauf eines Gesamtsystems	Ersatz einzelner Komponenten oder des Gesamtsystems	Transaktionskosten
Integration in Prozesse	Reorganisation von Geschäftsprozessen	
Speicherung von Daten	Umzug und ggf. Konvertierung der Daten	
Spezialisierte Anbieter	Auswahl eines neuen Anbieters	
Marken- und produktspezifische Schulungen	Aneignung von neuem Wissen	Lernkosten (Schulungskosten & Produktivitätsverlust)

Quelle: Clement et al. (2019, S. 251), modifiziert entnommen

im Kontext digitaler Angebote von besonderer Relevanz sind. Stefan Berkenhoff, Experte für digitale Produktentwicklung und Senior Manager bei der Unternehmensberatung Etribes, erklärt dazu:

> In der Praxis lassen sich zwei grundsätzliche Wirkungsweisen von Lock-in-Effekten unterscheiden. Hier gibt es zunächst passiv wirkende Lock-in-Effekte, die im Wesentlichen allein auf der Gewöhnung des Nutzers über einen längeren Zeitraum beruhen. Sie liegen in der Natur digitaler Lösungen und müssen daher nicht aktiv durch den Anbieter angestrebt werden. So stellt das "in- und auswendig Kennen" eines digitalen Angebots – z. B. die Kenntnis über Tastenkürzel, Abkürzungen im Menü, Bestandteile von URLs oder spezieller Wortfragmente bei der Suche – und die damit einhergehende erhöhte Nutzungseffizienz eine Wechselbarriere zu anderen Angeboten dar, da die Alternative zu Beginn nicht in dem Umfang bekannt ist und erst erlernt werden muss, wodurch die Zielerreichung dort mit höherem Zeitaufwand verbunden wäre.
>
> Ein weiteres Resultat langer Nutzungszeiträume ist der Aufbau von Historien z. B. über getätigte Transaktionen, die zum Nachschlagen und Erinnern genutzt werden können („Welchen Film haben wir damals geschaut?", „Wieviel habe ich im vergangenen Jahr für Kleidung ausgeben?"). Da diese historischen Daten gewöhnlich nicht Teil eines Anbieterwechsels sind und auch die Verteilung der Historien auf mehrere Anbieter ein schnelles Nachschlagen und Konsolidieren von Informationen verhindert, stellen diese Daten ebenfalls eine Wechselbarriere dar.
>
> Aktiv wirkende Lock-in-Effekte basieren auf aktiv geplanten Maßnahmen des Anbieters, um den Wechsel zu alternativen Angeboten zu erschweren. Sie werden meist zur Verstärkung der passiv wirkenden Lock-in-Effekte eingesetzt, können aber auch völlig losgelöst von diesen aufgebaut werden. Die Beispiele sind vielfältig und reichen von Hardware (z. B. Geräteanschlüsse, die nur mit Geräten von Anbieter A und nicht mit denen von Anbieter B kompatibel sind) über Dateiformate (z. B. Google Drive-spezifische Dateiformate, deren voller Funktionsumfang so nur in Google Drive funktioniert) bis hin zu exklusiven Features, die durch Patente und andere Schutzmechanismen abgesichert werden.
>
> Obwohl der Aufbau immer weiterer Wechselbarrieren durch die verschiedenen Anbieter schon immer erfolgt und auch weiterhin mit großem Nachdruck erfolgen wird, wäre es falsch, daraus den falsche Schluss zu ziehen, dass sich die Nutzer sich aufgrund dieser Lock-in-Effekte exklusiv für nur einen Anbieter entscheiden. Das Gegenteil scheint der Fall: Nutzer entscheiden sich vermehrt dafür, gleich mehrere Anbieter in einer Kategorie regelmäßig zu nutzen, wie sich etwa am Beispiel von Streaming Diensten beobachten lässt (Meister, 2021).

Bei der Analyse von Geschäftsmodellen mit Blick auf vorhandene Lock-in-Effekte gilt es, neben der Frage, ob und welche Lock-in-Effekte existieren, auch auf deren Stärke – Wie sehr trägt der Effekt zur Erhöhung der Wechselkosten bei? – und Beständigkeit – Ist der dem Lock-in-Effekt zugrunde liegende Sachverhalt gesichert, zum Beispiel durch ein Patent? – einzugehen.

Beispiel: Nespresso – Lock-in durch patentgeschützte Kaffeekapseln

Mit den Kaffeekapseln des Portionskaffee-System Nespresso gelang es dem Schweizer Lebensmittelkonzern Nestlé über viele Jahre hinweg, einen der in der Literatur wohl meist erwähnten Lock-in-Effekte aufrecht zu erhalten. Bei Nespresso kaufen Verbrauchter im Stile eines Bait & Hoot-Modells (Abschn. 5.4) zunächst zu einem verhältnismäßig günstigen Preis die entsprechende Kaffeemaschine. Die langfristige Monetarisierung erfolgt über die dazugehörigen Kaffeekapseln als Verbrauchs- beziehungsweise Komplementärgut. Dabei ist die Kombination von Kaffeemaschine und Kaffeekapseln als ein Lock-in-Effekt zu charakterisieren, der durch den Verkauf eines Gesamtsystems im Sinne von Clement et al. (2019, S. 251) entsteht.

So gelang es Nestlé über lange Zeit, für Nespresso-Kaffeekapseln einen Preis je Kilogramm Kaffee im Bereich der 80 € durchzusetzen, während gleichzeitig der Weltmarktpreis für Kaffee lediglich im niedrigen einstelligen Euro-Bereich lag (FOCUS Online, 2017). Tatsächlich konnte das Unternehmen diesen Preis wohl nur deshalb umsetzen, weil ein Patent auf die zu den Kaffeemaschinen passenden Kapseln Nestlé über viele Jahre gegen Nachahmer – und damit gegen einen Preiskampf – schützte.

Mittlerweile ist das entsprechende Patent auf die „geschlossene Patrone zur Bereitung eines Getränks" (Fond, 1998) abgelaufen. In der Folge haben zahlreiche Unternehmen wie die Discounter Aldi und Lidl oder die Kaffeemarke Jacobs angefangen, zu Nespresso-Kaffeemaschinen passende Kaffeekapseln zu vertreiben – zum Teil für weniger als die Hälfte des Preises, den Nestlé bis dahin verlangt hatte (Kramper, 2018). ◄

6.4   Zusammenwirken der Effekte

Die vorausgegangenen Erläuterungen zu Skalen-, Netzwerk- und Lock-in-Effekten stellen die drei Effekte separat voneinander dar. Tatsächlich weisen die drei Effekte Überschneidungen zueinander auf und wirken – bei gleichzeitigem Auftreten – auch zusammen. In der Folge entsteht ein System, in dem die drei Effekte nicht nur jeweils sich selbst, sondern sich auch gegenseitig verstärken. Clement et al. (2019, S. 243 f.) sprechen deshalb von den drei „Ringen der Marktmart" (Abb. 6.1).

Ein mögliches Zusammenwirken der drei Ringe ergibt sich an drei Stellen:

1. Der Netzwerk-Effekt führt zu einem stetigen Wachstum der Kundenbasis, wodurch entsprechend der Marktanteil bis hin zur Marktdominanz steigt. Mit dieser Position gehen große Produktionsmengen einher, sodass sich Skaleneffekte besonders effektiv realisieren lassen.
2. Mit dem steigenden Wert eines Netzwerks – zum Beispiel im Kontext sozialer Medien – wird die Wahrscheinlichkeit für einen Systemwechsel immer geringer, weil die Wechselkosten zunehmen. Das Netzwerk – im genannten Fall also die Tatsache, dass viele Freunde und Bekannte eine Plattform ebenfalls nutzen – wird somit selbst zum Lock-in-Effekt.
3. Starke Lock-in-Effekte sichern eine bestehende Kundenbasis ab und gewährleisten somit die Realisierung von Skaleneffekten.

Insbesondere in digitalen Märkten, in denen also zum Beispiel Lock-in-Effekte durch technische Standards oder Skaleneffekte durch die de-facto unendliche Reproduzierbarkeit digitaler Güter generiert werden können, ist ein Zusammenwirken aller drei Effekte besonders häufig zu beobachten. Weil die drei Effekte letztlich eine Konzentration des Wettbewerbs begünstigen, sind digitale Märkte besonders häufig durch Oligopole oder (Quasi-) Monopole geprägt. Der eingangs genannte Suchmaschinenmarkt ist dabei nur eines von mehreren Beispielen.

Clement et al. (2019, S. 238 ff.) nennen digitale Märkte deshalb auch „Gewinnermärkte", die nach dem Winner-takes-it-all-Prinzip funktionieren. Aus regulatorischer Sicht stellt die als systemimmanent zu betrachtende Monopolisierungstendenz in den vergangenen Jahren immer wieder eine Herausforderung für die Kartellbehörden dar, die einzelne Unternehmen im Hinblick auf eine marktbeherrschende Stellung prüfen und gegebenenfalls zum Beispiel dem Verdacht auf einen Missbrauch dieser Stellung nachgehen.

Fazit

Skalen-, Netzwerk- und Lock-in-Effekte sind insbesondere in der Internet-Ökonomie von hoher Relevanz, finden sich aber auch in der analogen Welt. Die einzelnen Effekte für sich bilden jeweils einen sich selbst verstärkenden Kreislauf. In Kombination miteinander sind die Effekte als „Ringe der Marktmacht" ein sich selbst verstärkendes System, die die Konzentrationstendenzen digitaler Märkte erklären – das Winner-takes-it-all-Prinzip. Die Identifikation der Effekte bei der Analyse fremder Geschäftsmodelle kann wertvolle Inspirationen liefern, wie sich ähnliche Mechanismen auch im eigenen Geschäftsmodell implementieren lassen. ◄

Ausblick: Geschäftsmodellinnovationen entwickeln

Die bis hierhin beschriebenen Ansätzen zur Analyse und Systematisierung von Geschäftsmodellen liefern die grundlegenden Werkzeuge für eine systematische Geschäftsmodellanalyse. Gleichwohl ist die Geschäftsmodellanalyse nur selten als Selbstzweck, sondern vielmehr als ein Element des aktiven Business Model Management zu verstehen. Gemeinsam mit den weiteren Schritten des Business Model Managements, wie sie in Abschn. 3.2 beschrieben werden, lassen sich aus einem ganzheitlichen Bild des betrachteten Unternehmens Vor- und Nachteile sowie Chancen und Risiken und schließlich konkrete Handlungsfelder identifizieren, deren Umsetzung die Profitabilität und den Fortbestand des betrachteten Unternehmens langfristig sichern sollen. Folglich verlangt die Bearbeitung der identifizierten Handlungsfelder nach einem Vorgehen, welches die Entwicklung von Geschäftsmodellinnovationen ermöglicht.

Über den eigentlichen Fokus der Geschäftsmodellanalyse hinaus führt dieses Kapitel in einem Ausblick in die Entwicklung von Geschäftsmodellinnovationen ein. Dazu wird ein Prozess zur Entwicklung von Geschäftsmodellinnovationen, angelehnt an Nagl und Bozem (2018, S. 46) vorgestellt. Zusätzlich finden ausgewählte Methoden und Maßnahmen Erwähnung, welche die einzelnen Schritte des Prozesses zur Entwicklung von Geschäftsmodellinnovationen unterstützen können.

Zur Entwicklung von Geschäftsmodellinnovation wird ein siebenstufiger, iterativer Prozess vorgeschlagen (Abb. 7.1). Das Ziel dieses Prozesses kann dabei einerseits eine Geschäftsmodellinnovation, also die Weiterentwicklung eines bestehenden Geschäftsmodells, andererseits aber auch ein neues Geschäftsmodell sein. In beiden Fällen ergibt sich der Bedarf aus den sich stetig verändernden Rahmenbedingungen, die auf einen Markt oder eine Branche einwirken, also zum Beispiel aus technologischen Innovationen, gesellschaftlichen Trends oder politischen Entwicklungen. Im Fall bestehender Unternehmen mit bestehenden

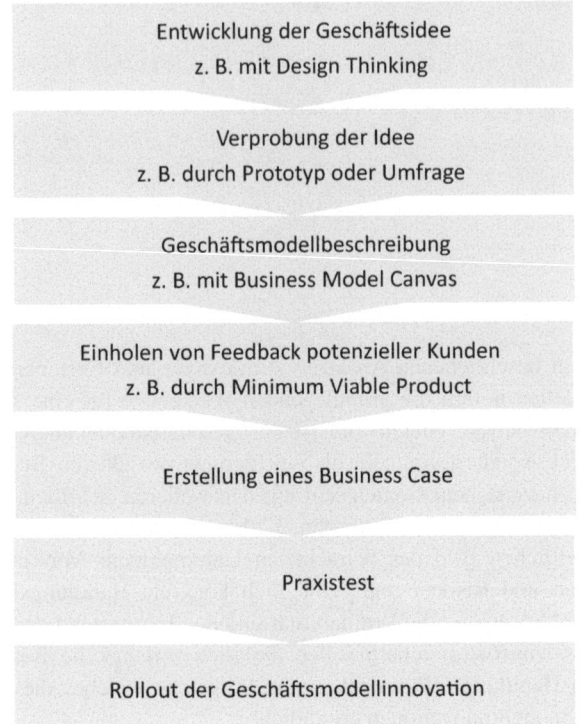

Abb. 7.1 Entwicklungsprozess für Geschäftsmodellinnovationen. (Angelehnt an Nagl und Bozem 2018, S. 46)

Geschäftsmodellen entsteht ein entsprechender Innovationsdruck, da das bestehende Geschäftsmodell im Lebenszyklus voranschreitet (Abschn. 3.1). Der hier vorgeschlagene Prozess lässt sich sowohl zur Weiterentwicklung bestehender als auch zur Entwicklung neuer Geschäftsmodelle verwenden.

Im ersten Schritt soll eine Geschäftsidee entwickelt werden. Dabei handelt es sich zunächst nur um eine grobe Idee, welches Wertangebot ein Unternehmen welcher Zielgruppe potenziell unterbreiten könnte. Inspirationen für Geschäftsideen liefert zum Beispiel die Betrachtung von Mega Trends, also von langfristigen, umfassenden Entwicklungen und Strömungen, die auf Gesellschaft und Wirtschaft wirken. Als Beispiele sind etwa die Digitalisierung, der demographische Wandel, die zunehmende Relevanz von Nachhaltigkeit oder auch das

Biohacking, also die Verschmelzung von Technologie mit dem menschlichen Organismus, zu nennen (Deckert, 2019b, 2020; Gangadharbatla, 2020; Wohllebe, 2019). Als eine Methode zur Entwicklung einer Geschäftsidee schlagen Nagl und Bozem (2018, S. 52 ff.) eine Adaption der Design Thinking-Methode vor. Dabei widmet sich ein Team, dessen Mitglieder aus unterschiedlichen Funktionen oder Unternehmensbereichen stammen, einer Problemstellung, für die es in einem mehrstufigen Prozess Lösungen erarbeitet und und diese, häufig unter Einbeziehung potenzieller Kunden, überprüft.

Hintergrund: Design Thinking in sechs Schritten
Die HPI School of Design Thinking (2021) des Hasso-Plattner-Instituts schlägt die Anwendung der Design Thinking-Methode in sechs Schritten vor:

1. **Kontext verstehen:** Erlangung eines Verständnisses für die unterschiedlichen Facetten und Dimensionen der Problemstellung
2. **Menschen beobachten:** Erlangung eines Verständnisses für die unterschiedlichen, von einer Problemstellung betroffenen Menschen
3. **Sichtweise definieren:** Identifikation relevanter Zielgruppen, für die eine Lösung für das definierte Problem entwickelt werden soll
4. **Ideen entwickeln:** Entwicklung von Ideen zur Problemlösung in Einzelarbeit und im Team
5. **Prototypen bauen:** Übersetzung der Lösungsideen in einfache physische oder digitale Prototypen
6. **Prototypen testen:** Überprüfung der Kernfunktion und der Umsetzbarkeit in einem iterativen Vorgehen

Als charakteristisch für das Design Thinking ist die starke Fokussierung auf das Verständnis für die Problemstellung und die von ihr betroffenen Menschen zu nennen. Auch weisen die im Design Thinking entwickelten – und im Laufe des Prozesses immer wieder angepassten oder verworfenen – Lösungsideen aufgrund des sehr offenen Ansatzes und der diversifizierten Team-Zusammensetzung in der Regel eine große Vielfalt auf.

▶ **Literaturhinweis: Design Thinking** Eine umfassende Einführung in die Design Thinking-Methode findet sich in „Design Thinking erfolgreich anwenden: So entwickeln Sie in 7 Phasen kundenorientierte Produkte und Dienstleistungen" von Schallmo und Lang (2020), erschienen bei Springer Gabler.

Im zweiten Schritt des Prozesses zur Entwicklung von Geschäftsmodell-innovationen soll die Geschäftsidee verprobt werden. Das Ziel dieser Phase besteht vor allem darin, – etwa mithilfe eines Prototypen – Feedback der Nutzer einzusammeln, ob das Kundenproblem beziehungsweise -bedürfnis richtig ver-standen wurde und inwiefern die Geschäftsidee dieses auch lösen beziehungs-weise erfüllen kann. Kommt im vorherigen Schritt die Design Thinking-Methode zum Einsatz, kann diese Verprobung auch als Teil des Design Thinking-Prozesses verstanden werden. In diesem Fall sind der Bau und der Test von Prototypen im Rahmen des Design Thinking gleichzeitig auch als Verprobung der Geschäfts-idee zu verstehen. Alternativ schlagen Nagl und Bozem (2018, S. 46) die Durch-führung eines Umfrage vor, die die zuvor entwickelte Geschäftsidee zum Beispiel anhand der Abfrage der Relevanz eines potenziellen Kundenproblems empirisch überprüft.

Im dritten Schritt wird auf Basis der nunmehr erfolgreich verprobten Geschäftsidee ein Business Model Canvas erstellt. Wurde der Canvas im Rahmen der Geschäftsmodellanalyse ex post zur Beschreibung eines bestehenden Geschäftsmodell genutzt (Kap. 4), wird er im Rahmen der Entwicklung einer Geschäftsmodellinnovation eingesetzt, um das Geschäftsmodell ex ante zu erarbeiten.

Der Geschäftsmodellbeschreibung schließt sich ein erneuter Feedback-Zyklus an. Ausgangsbasis kann ein Minimum Viable Product (MVP) sein, also eine erste, aber in den Grundzügen bereits funktionsfähige Version jenes Angebots, welches das identifizierte Kundenbedürfnis befriedigen soll. Das MVP ist, mit jeder Feedback-Iteration immer wieder angepasst, Ausgangsbasis der weiteren Produktentwicklung und legt damit den Grundstein für das spätere fertige Produkt.

Hintergrund: Agile Arbeitsmethoden

In den vergangenen Jahren hat sich insbesondere im Kontext digitaler Produkte und Services die Meinung durchgesetzt, dass ein Produkt im Prinzip nicht „fertig" sein kann, weil sich die Anforderungen Nutzer stetig verändern und insofern auch eine stetige Anpassung des Produkts erforderlich sein muss. Vor diesem Hintergrund haben agile Arbeitsmethoden wie Scrum deutlich an Popularität gewonnen, da diese ein iteratives, auf stetigem Feedback basierendes und insofern nutzerorientiertes Vorgehen proklamieren.

Eine sehr lebendige Einführung in Scrum und in agile Arbeitsmethoden liefern Wolf und Roock (2021) mit „Scrum – verstehen und erfolgreich einsetzen", erschienen im dpunkt.verlag.

Nach der Erstellung eines Business Case im fünften Schritt, bei dem die Geschäftsmodellinnovation vor dem Hintergrund ihrer betriebswirtschaftlichen

Machbarkeit betrachtet wird, schlagen Nagl und Bozem (2018, S. 46) sechstens einen abschließenden Praxistest und schließlich, im siebten Schritt, den Rollout der Geschäftsmodellinnovation vor.

Unabhängig von der präzisen Einhaltung der einzelnen Schritte des Entwicklungsprozesses für Geschäftsmodellinnovationen und unabhängig von der konkreten Wahl der Methoden sollte der Prozess insgesamt als ein iterativer verstanden werden, dessen Ergebnisse vor dem Hintergrund der sich stetig verändernden Rahmenbedingungen stets nur eine limitierte Halbwertszeit haben können.

Auch muss bei der Entwicklung von Geschäftsmodellinnovationen, insbesondere im Kontext bestehender Organisationen und Unternehmensstrukturen, neben der eigentlichen Frage der Entwicklung auch die Frage möglicher Widerstände berücksichtigt werden. Stefan Berkenhoff, Experte für digitale Produktentwicklung und Senior Manager bei der Unternehmensberatung Etribes erklärt die praxisrelevanten Besonderheiten bei der Umsetzung von Geschäftsmodellinnovationen in bestehenden Organisationen:

Bei der Erprobung und Umsetzung digitaler Geschäftsmodellinnovationen lassen sich ein Großteil der zu beobachtenden Widerstände und der Ursachen für eine vorzeitige Beendigung des Unterfangens zwei Bereichen zuordnen. Diese Beobachtungen wurden vorrangig in etablierten KMU und Großunternehmen gemacht, da diese sich einerseits systematisch mit Innovationen im Bereich des bereits bestehenden Geschäftsmodells beschäftigen und sich damit andererseits automatisch in ein Spannungsfeld aus „bestehend" und „neu" begeben, was sie von Neugründungen/Startups ohne Altgeschäft fundamental unterscheidet.

Der erste Bereich betrifft das Fehlen eines gemeinsamen Referenzpunktes, auf den die Geschäftsmodellinnovation gerichtet ist. „Gemeinsam" schließt hierbei sowohl das operativ tätige Team als auch alle relevanten Stakeholder innerhalb und außerhalb des Unternehmens ein und kann mit „gemeinsam verstanden und akzeptiert" genauer beschrieben werden.

Einen solchen gemeinsamen Referenzpunkt schafft eine „Produktvision", wie sie zum Beispiel im Scrum Framework vorgesehen, aber unabhängig vom tatsächlichen Einsatz von Scrum absolut zu empfehlen ist. Den höchsten Nutzen entfaltet die Vision, wenn sie nicht nur zu Anfang als ein weiteres Canvas von vielen im Rahmen erster Iterationen erstellt, sondern in das tägliche Arbeiten integriert wird: So lassen sich beispielsweise neue Anforderungen oder Ideen direkt bei Auftreten gegen die Vision spiegeln, um den Beitrag einer neuen Anforderung zur Vision und damit deren Relevanz für die weitere Betrachtung zu beurteilen. Ebenso wirkt die Vision auf das Team in verschiedenen herausfordernden Phasen der Produktentwicklung motivierend und erlaubt zudem ein besseres Erwartungsmanagement der Stakeholder. Wichtig für eine wirksame Produktvision ist, dass sie sowohl unternehmensinterne wie -externe Perspektiven vereint, technologische und Business-Aspekte berücksichtigt und ein motivierendes Ambitionsniveau anstrebt.

Das Fehlen einer gemeinsam verstandenen Produktvision macht sich häufig schon früh in Projekten zu Geschäftsmodellinnovationen bemerkbar und zeigt sich praktisch bereits bei Auswahl und Anwendung typischer Methoden wie dem Business Model Canvas, dem Value Proposition Canvas oder auch Design Thinking. Ohne gemeinsamen Referenzpunkt sind Beiträge und Ergebnisse der verschiedenen Teilnehmer und Untergruppen oft sehr verschieden in Anspruch, marktlicher Ausrichtung und Detailgrad. Ein frühphasig entsprechend massiv aufgeblähtes und heterogenes Projekt kann nur schwer auf eine gemeinsame Richtung gedreht werden. Mit einer gemeinsamen Produkt Vision dagegen lassen sich Ziele und Gegenstand der unterschiedlichen Methoden besser bestimmen, wodurch Ergebnisse in Art und Ausprägung vergleichbarer werden, ohne dabei die kreative Vielfalt einzuschränken.

Der zweite Bereich betrifft das regelmäßige Unterschätzen organisatorischer Nebeneffekte, was zu massiven Reibungsverlusten in den Projekten führt. So sehr das oberste Management einem Projektteam (richtigerweise) grundsätzlich große Freiheiten und maximale Distanz von der bestehenden Organisation einräumt, so sind die praktische Anwendung dieser Freiheiten oder der Austausch mit anderen Stellen in der Organisation trotzdem zumeist problematisch.

Die Beispiele für problematische Abhängigkeiten sind vielfältig und reichen von Unklarheiten bei der Softwarebeschaffung (Gibt es bereits geeignete Softwarelösungen im Unternehmen oder müssen diese neu angeschafft werden? Ist hierfür der IT-Einkauf zu involvieren?) über ein im Zweifelsfall zu restriktives Kundendatenhandling (Wer ist Ansprechpartner für rechtliche Fragen? Wie werden Compliance Richtlinien in dieser Hinsicht ausgelegt?) und fehlende Nutzbarkeit bestehender Assets (Wie gelangt man an strukturierte Produktdaten? Kann auf Marketing-Assets zugegriffen werden? Darf von den bestehenden CD/CI Guidelines abgewichen werden?) bis hin zur mangelnden Verfügbarkeit von Experten innerhalb der Organisation, welche parallel zum Projektgeschäft auch weiterhin ihr „Tagesgeschäft" bewältigen müssen.

Ganz egal, welche grundlegende Organisationsform von Geschäftsmodellinnovation man wählt: Es wird immer zahlreiche Abhängigkeiten zu begegnen geben. Die wirksamste Lösung, diese Abhängigkeiten für den Projekterfolg zu handhaben, ist ihr aktives Management. Dieses umfasst

- die frühe Identifikation der Abhängigkeiten und deren transparente Bewertung unter Risiko- und Auswirkungsgesichtspunkten
- die (teilweise) Auflösung der Abhängigkeiten durch Grundlagenentscheidungen im Rahmen der Visionsbildung und die Bestimmung des Projekt Scope
- die Gewährleistung von Kommunikation an den Schnittstellen zwischen Projektteam und Organisation durch doppeltes Besetzen mit Verantwortlichen (sowohl im Projektteam als auch aufseiten der bestehenden Organisation).

Diese abschließenden Ausführungen verdeutlichen die Komplexität der Entwicklung von Geschäftsmodellinnovationen abseits des eigentlichen Entwicklungsprozesses, sondern im Sinne des Managements dieses Prozesses, insbesondere vor dem Hintergrund einer bestehenden Organisation.

Fazit

Die Notwendigkeit der Entwicklung von Geschäftsmodellinnovationen ergibt sich aus der unter anderem aufgrund von Marktdynamiken begrenzten Lebensdauer eines Geschäftsmodells. Grundlage des Entwicklungsprozesses ist das gemeinsame Verständnis des Geschäftsmodells, basierend auf der Geschäftsmodellanalyse. Geschäftsmodellinnovationen lassen sich zum Beispiel aus der Beobachtung von Mega Trends und mithilfe von Methoden wie dem Design Thinking entwickeln. Durch agile Arbeitsmethoden, die Nutzung von MVPs und das kontinuierliche Einholen von Kundenfeedback lässt sich die Entwicklung am Markt und den Kundenbedürfnissen ausrichten. In bestehenden Organisationen stoßen Geschäftsmodellinnovationen mitunter auf Widerstände und Abhängigkeiten, denen entsprechend begegnet werden muss. ◄

Zusammenfassung und Fazit 8

In den vergangenen Jahren hat sich das Interesse an der Auseinandersetzung mit Geschäftsmodellen nicht nur in der Wissenschaft kontinuierlich gesteigert. Aufgrund der sich stetig verändernden Rahmenbedingungen, getrieben etwa durch Globalisierung und Digitalisierung, und der im Sinne des Geschäftsmodelllebenszyklus beschränkten Halbwertszeit eines Geschäftsmodells sind Unternehmen verstärkt gefordert, sich mit ihrem Geschäftsmodell und dem langfristigen Erhalt desselbigen aktiv und bewusst auseinanderzusetzen.

An dem eingangs skizzierten Prozess zur Beschreibung und Systematisierung von Geschäftsmodellen und zur Identifikation der dabei wirkenden Zusammenhänge orientiert diskutiert das vorliegende Werk entsprechend verschiedene Methoden und Ansätze. Nach der Eingrenzung des Analyseobjekts und der Datenerhebung schließt sich zunächst eine narrative und auf das Wertangebot konzentrierte Kurzbeschreibung des Geschäftsmodells an. Als Ausgangsbasis für den Business Model Canvas dienend, wird diese in der Praxis wohl relevanteste Methode zur strukturierten Beschreibung von Geschäftsmodellen anschließend umfangreich erläutert und die einzelnen Teilaspekte werden anhand unterschiedlicher Beispiele diskutiert. Die schließliche Durchführung des Canvas am Beispiel von IKEA vervollständigt die Ausführungen.

Mit vier unterschiedlichen Systematisierungsansätzen lassen sich Geschäftsmodelle unterschiedlichster Couleur kontextualisieren, etwa um Best-Practices zu identifizieren und diese im Geschäftsmodell des eigenen Unternehmens zu adaptieren. Während die Wertschöpfungstypen und die Analogien eher generische Ansätze liefern, eignen sich das 4C-Net Business Model und die Business Models on the Web vor allem für die Digitalwirtschaft. Zahlreiche Beispiele einerseits und andererseits viele Querverweise zwischen den einzelnen Ansätzen

A. Wohllebe, *Geschäftsmodelle systematisch analysieren*,
https://doi.org/10.1007/978-3-658-36258-4_8

und zu Teilaspekten des Business Model Canvas tragen dabei zu einem ganzheitlichen Verständnis für Geschäftsmodelle bei.

Den Abschluss der Analyse bilden die Wirkungszusammenhänge mit den Skalen-, Netzwerk- und Lock-in-Effekten sowie deren Zusammenwirken. So lassen sich zum einen die großen Erfolg vieler (Technologie-) Unternehmen, etwa Google, Amazon, Facebook oder Apple, erklären. Zum anderen liefert dieses Kapitel auch die notwendigen Grundlagen für das Verständnis der zu Monopolen tendierenden Internet-Ökonomie, insbesondere bei digitalen Gütern, und stellt gleichzeitig die Ausgangsbasis für den Ausblick dar.

Durch die andauernde und weiter steigende Komplexität und Dynamik vieler Marktfelder werden die Relevanz von Geschäftsmodellen im Allgemeinen und auch die der Geschäftsmodellanalyse und -entwicklung im Speziellen in den kommenden Jahren weiter zunehmen. Technologische Innovationen wie künstliche Intelligenz oder Augmented Reality schaffen neue Möglichkeiten zur Befriedigung von Kundenbedürfnissen. In der Folge müssen sich Unternehmen fragen, wie sie die (vor allem) technischen Innovationen, aber auch zum Beispiel regulatorische Entwicklungen nutzen können – oder gar müssen – um ihr Fortbestehen und ihre Profitabilität langfristig abzusichern. Auch die gesellschaftlich zunehmende Relevanz von (insbesondere ökologischer) Nachhaltigkeit, gepaart mit einem zunehmenden politischen Willen, diese durch entsprechende Gesetzgebung verstärkt auch im wirtschaftlichen Handeln zu verankern, fordern von Unternehmen eine Auseinandersetzung mit ihrem Geschäftsmodell. Ziel muss es dabei sein, insbesondere das bestehende Wertangebot, aber auch das Geschäftsmodell als ganzes zu verstehen, um unter Berücksichtigung der genannten Dynamiken auch weiterhin ein attraktives Wertangebot bereitstellen zu können.

Das Verständnis für Geschäftsmodelle, aufbauend auf der Fähigkeit zur Analyse, ist deshalb als eine Schlüsselkompetenz des strategischen Managements anzusehen.

Literatur

1&1 Mail & Media GmbH. (2021, July 14). *Mailvergleich*. WEB.DE. https://produkte.web.de/premium/mailvergleich/?mc=03962488.

Adler, M., & Wohllebe, A. (2020). Consumers choosing retailers on online marketplaces: How can retailers differentiate apart from the price? – An exploratory investigation. *International Journal of Applied Research in Business and Management, 1*(1), 27–36. 10.51137/ijarbm.2020.1.1.3.

Alphabet. (2020, February). *Google—Umsatzanteile 2019*. Statista. https://de.statista.com/statistik/daten/studie/76453/umfrage/umsatzanteile-von-google-seit-2017-nach-einnahmequelle/.

Alphabet. (2021, February). *Google—Umsatz weltweit 2020*. Statista. https://de.statista.com/statistik/daten/studie/541785/umfrage/umsatz-von-google-weltweit/.

Amazon.com. (2021a, July 20). *Amazon PartnerNet | Amazon Influencer Program*. Amazon PartnerNet. https://partnernet.amazon.de/influencers.

Amazon.com. (2021b, July 20). *Amazon PartnerNet | Vergütungskatalog EU*. https://partnernet.amazon.de/help/node/topic/GRXPHT8U84RAYDXZ.

Amazon.com. (2021c, July 20). *Amazon PartnetNet | Start*. Amazon PartnerNet. https://partnernet.amazon.de/?.

Baden-Fuller, C., & Morgan, M. S. (2010). Business models as models. *Long Range Planning, 43*(2), 156–171. 10.1016/j.lrp.2010.02.005.

Bieger, T., & Reinhold, S. (2011). Das wertbasierte Geschäftsmodell – Ein aktualisierter Strukturierungsansatz. In *Innovative Geschäftsmodelle: Konzeptionelle Grundlagen, Gestaltungsfelder Und Unternehmerische Praxis* (S. 13–70). Springer-Verlag Berlin Heidelberg (https://doi.org/10.1007/978-3-642-18068-2_2).

Booking.com B.V. (2021, July 5). *Über Booking.com*. Booking.com. https://www.booking.com/content/about.de.html.

Braun, A.-T., Schöllhammer, O., & Rosenkranz, B. (2021). Adaptation of the business model canvas template to develop business models for the circular economy. *Procedia CIRP, 99*, 698–702. 10.1016/j.procir.2021.03.093.

Briscoe, B., Odlyzko, A., & Tilly, B. (2006, July 1). Metcalfe's law is wrong. *IEEE Spectrum*. https://spectrum.ieee.org/computing/networks/metcalfes-law-is-wrong.

Bruhn, M. (2010). *Marketing: Grundlagen für Studium und Praxis* (10. Aufl.). Gabler (https://doi.org/10.1007/978-3-8349-8869-0).

Brunner, M., & Wolfartsberger, J. (2020). Virtual reality enriched business model canvas building blocks for enhancing customer retention. *Procedia Manufacturing, 42*, 154–157. 10.1016/j.promfg.2020.02.062.

Casdorff, S.-A. (2018, April 6). *Wer schafft hier eigentlich die Werte?* tagesspiegel.de. https://www.tagesspiegel.de/meinung/casdorffs-agenda-wer-schafft-hier-eigentlich-die-werte/21147420.html.

Chen, R. R., Gal-Or, E., & Roma, P. (2014). Opaque distribution channels for competing service providers: Posted price vs. name-your-own-price mechanisms. *Operations Research, 62*(4), 733–750

CHIP. (2017, January 1). *FAQ: Erlösmodelle bei CHIP Online.* CHIP Online. https://www.chip.de/news/FAQ-Erloesmodelle-bei-CHIP-Online_113877092.html.

CHIP. (2020, February 26). *CHIP.de: So arbeitet das größte Verbraucher-Portal Deutschlands | CHIP.* CHIP Online. https://www.chip.de/artikel/CHIP.de-So-arbeitet-das-groesste-Verbraucher-Portal-Deutschlands_182509333.html.

Christensen, C. M. (1997). *The innovator's dilemma: When new technologies cause great firms to fail.*

Clement, R., Schreiber, D., Bossauer, P., & Pakusch, C. (2019). *Internet-Ökonomie: Grundlagen und Fallbeispiele der digitalen und vernetzten Wirtschaft* (4. Aufl.). Gabler (https://doi.org/10.1007/978-3-662-59829-0).

Dataport. (2021, June 15). *Unternehmen.* Dataport. https://www.dataport.de/wer-wir-sind/unternehmen/.

Deckert, R. (2019a, b). *Digitalisierung und Industrie 4.0: Technologischer Wandel und individuelle Weiterentwicklung.* Springer Gabler (https://doi.org/10.1007/978-3-658-23847-6).

Deckert, R. (2020). *Digitalisierung und nachhaltige Entwicklung: Vernetztes Denken, Fühlen und Handeln für unsere Zukunft.* Springer Gabler (https://doi.org/10.1007/978-3-658-29097-9).

Deckert, R., & Wohllebe, A. (2021). *Digitalisierung und Einzelhandel: Taktiken und Technologien, Praxisbeispiele und Herausforderungen* (1. Aufl.). Springer Gabler (https://www.springer.com/de/book/9783658330897).

DENIC. (2020, March). *Top-Level-Domains—Anzahl weltweit 2020.* Statista. https://de.statista.com/statistik/daten/studie/70561/umfrage/domains-weltweit/.

DGOF e. V. (2021a, July 28). Satzung. *Deutsche Gesellschaft für Online-Forschung e. V.* https://www.dgof.de/uber-uns/satzung/.

DGOF e. V. (2021b, July 29). Persönliche Mitgliedschaft. *Deutsche Gesellschaft für Online-Forschung e. V.* https://www.dgof.de/mitgliedschaft/persoenliche-mitgliedschaft/.

eBay Inc. (2021, July 9). *Gebühren für private Verkäufer.* EBay. https://www.ebay.de/help/selling/fees-credits-invoices/gebhren-fr-private-verkufer?id=4364.

Eggert, U. (2012). Zukunft Handel. In W. J. Koschnick (Hrsg.), *FOCUS-Jahrbuch 2012—Prognosen, Trend- und Zukunftsforschung* (S. 555–588). FOCUS Magazin Verlag GmbH.

EHI Retail Institute. (2021, May). *Online-Kauf—Genutzte Zahlungsverfahren in Deutschland 2020.* Statista. https://de.statista.com/statistik/daten/studie/224827/umfrage/marktanteile-von-zahlungsverfahren-beim-online-handel/.

Emprechtinger, F. (2019, May 27). Was ist eine Geschäftsmodellinnovation? [Blog]. *LEAD Blog*. https://www.lead-innovation.com/blog/was-ist-eine-geschäftsmodellinnovation.

engelbert strauss. (2021a, July 25). *engelbert strauss—Unternehmen*. Engelbert Strauss. https://www.engelbert-strauss.de/Unternehmen/infos#!unternehmen.

engelbert strauss. (2021b, July 25). *engelbert strauss—Workwearstores*. Engelbert Strauss. https://www.engelbert-strauss.de/Unternehmen/workwearstore/standortsuche#!start.

Erason GmbH. (2021, July 22). *AIlon—Startseite*. AIlon. https://www.ailon.io/de/.

Erixon, L. (1998). The theory of transformation pressure—A new perspective on growth and economic policy. In *Research Papers in Economics* (1998:3; Research papers in economics). Stockholm University, Department of Economics. https://ideas.repec.org/p/hhs/sunrpe/1998_0003.html.

Financial Reporting Council. (2018). *The UK corporate governance code*. https://www.frc.org.uk/getattachment/88bd8c45-50ea-4841-95b0-d2f4f48069a2/2018-UK-Corporate-Governance-Code-FINAL.pdf.

FOCUS Online. (2017, June 14). *Öko-Bilanz von Kaffeekapseln: 80 € pro Kilo – weniger Kaffee für mehr Geld*. FOCUS Online. https://www.focus.de/wissen/klima/80-euro-pro-kilo-weniger-kaffee-fuer-mehr-geld-oeko-bilanz-von-kaffeekapseln_id_2413367.html.

Fond, O. (1998). *Geschlossene Patrone zur Bereitung eines Getränkes* (Patent No. EP0512468). https://register.epo.org/application?number=EP92107536&tab=main.

Gangadharbatla, H. (2020). Biohacking: An exploratory study to understand the factors influencing the adoption of embedded technologies within the human body. *Heliyon, 6*(5), e03931. doi: 10.1016/j.heliyon.2020.e03931.

Gassmann, O., Frankenberger, K., & Csik, M. (2013). *Geschäftsmodelle entwickeln: 55 innovative Konzepte mit dem St. Galler Business Model Navigator*. Carl Hanser Verlag GmbH & Co, KG.

Google. (2021a, July 11). *Google Ads—Auktionsverfahren*. https://support.google.com/google-ads/answer/142918?hl=de.

Google. (2021b, July 11). *Google Ads—Qualitätsfaktor*. https://support.google.com/google-ads/answer/6167118.

Google. (2021c, July 11). *Google—Info*. https://www.google.de/.

Google Trends. (2021, May 21). *Google Trends—Thema: "Geschäftsmodell."* Google Trends. https://trends.google.com/trends/explore?date=2005-01-05%202021-05-21&geo=DE&q=%2Fm%2F0hd4m.

Heinemann, G. (2011). *Cross-Channel-Management: Integrationserfordernisse im Multi-Channel-Handel* (3., vollst. überarb. Aufl.). Gabler.

Helpling. (2021, June 23). *FAQs | Wer sind die Dienstleister?* Helpling Support. https://de.support.helpling.com/de/support/solutions/articles/15000029870-wer-sind-die-dienstleister-und-wie-finde-ich-den-richtigen-f%C3%BCr-meinen-auftrag-.

Hilbrecht, H., & Kempkens, O. (2013). Design Thinking im Unternehmen – Herausforderung mit Mehrwert. In F. Keuper, K. Hamidian, E. Verwaayen, T. Kalinowski, & C. Kraijo (Hrsg.), *Digitalisierung und Innovation* (S. 347–364). Springer Fachmedien Wiesbaden (10.1007/978-3-658-00371-5_18).

Hohmann, M. (2021, September 2). *IKEA: Wichtigste Produktionsstandorte weltweit 2020*. Statista. https://de.statista.com/statistik/daten/studie/250859/umfrage/wichtigste-produktionsstandorte-von-ikea/.

Hollensen, S., & Opresnik, M. O. (2010). *Marketing: A relationship perspective*. Vahlen.

HPI School of Design Thinking. (2021). *Design Thinking-Prozess*. Hasso-Plattner-Institut. https://hpi.de/school-of-design-thinking/design-thinking/hintergrund/design-thinking-prozess.html.

ibi research. (2020, February). *Zahlungsverfahren im Internet—Nutzung 2020*. Statista. https://de.statista.com/statistik/daten/studie/1100345/umfrage/nutzung-von-zahlungs-verfahren-im-internet-in-deutschland/.

IKEA. (2021a). *IKEA Group Sustainability Report FY20*. https://d1uoo7xgn4hd1o.cloud-front.net/downloads/IKEA_Nachhaltigkeitsbericht_2020.pdf.

IKEA. (2021b, June 24). *IKEA Deutschland*. IKEA Corporate Website. https://www.ikea.com/de/de/this-is-ikea/about-us/ikea-deutschland-zahlen-pub3c09f721.

IKEA. (2021c, June 24). *IKEA Erfolgsgeschichte & Konzept*. IKEA Corporate Website. https://www.ikea.com/de/de/this-is-ikea/about-us/erfolgsgeschichte-konzept-ikea-pubad29a981.

IKEA. (2021d, June 24). *IKEA Katalog Pressebilder*. IKEA Corporate Website. https://www.ikea.com/de/de/this-is-ikea/newsroom/pressebilder-ikea-katalog-pub71e14f41.

IKEA. (2021e, June 24). *IKEA Vision & Geschäftsidee*. IKEA Corporate Website. https://www.ikea.com/de/de/this-is-ikea/about-us/vision-geschaeftsidee-ikea-pub9cd02291.

IKEA. (2021f, June 24). *Über Uns*. IKEA Corporate Website. https://www.ikea.com/de/de/this-is-ikea/about-us/.

IKEA. (2021g, June 26). *IKEA für Unternehmen*. IKEA Corporate Website. https://www.ikea.com/de/de/ikea-business/.

IKEA. (2021h, June 26). *IKEA Impressum & Datenschutz*. IKEA Corporate Website. https://www.ikea.com/de/de/customer-service/impressum-pub8c45c280.

Ingka. (2021, June 26). *Ingka Group | How we are organised*. Ingka Group. http://ingka-com-prodv2.azurewebsites.net/this-is-ingka-group/how-we-are-organised/.

Johnson, M. W. (2010). *Seizing the white space*. Harvard Business Review Press.

Keane, S. F., Cormican, K. T., & Sheahan, J. N. (2018). Comparing how entrepreneurs and managers represent the elements of the business model canvas. *Journal of Business Venturing Insights, 9*, 65–74. doi: 10.1016/j.jbvi.2018.02.004.

Kramper, G. (2018, August 18). *Nespresso – der unaufhaltsame Niedergang der Kapsel-Könige*. stern.de. https://www.stern.de/wirtschaft/news/nespresso---der-unaufhaltsame-niedergang-der-kapsel-koenige-8216302.html.

Levitt, T. (1965, November 1). Exploit the product life cycle. *Harvard Business Review*. https://hbr.org/1965/11/exploit-the-product-life-cycle.

Maier, M. (2015, December 4). Rocket internet – A copycat business model. *Technology and operations management*. https://digital.hbs.edu/platform-rctom/submission/rocket-internet-a-copycat-business-model/.

Maurya, A. (2010, August 11). *How to document your business model on 1 page* [Blog]. Leanstack. https://blog.leanstack.com/how-to-document-your-business-model-on-1-page/.

Maurya, A. (2012). *Running lean: Iterate from plan A to a plan that works* (2. Aufl.). O'Reilly.

Meister, A. (2021, May 18). *Americans predicted to subscribe to an average 5.7 streaming services by 2024*. The Streamable. https://thestreamable.com/news/americans-predicted-to-subscribe-to-5-streaming-services-by-2024.

Metcalfe, B. (2013). Metcalfe's law after 40 years of ethernet. *Computer, 46*(12), 26–31. doi: 10.1109/MC.2013.374

Microsoft. (2021a, July 26). *Alle Microsoft 365-Pläne vergleichen (bisher Office 365) – Microsoft Store*. Microsoft. https://www.microsoft.com/de-de/microsoft-365/buy/compare-all-microsoft-365-products.

Microsoft. (2021b, July 26). *Microsoft 365—Office-Anwendungen, Cloud-Dienste, Sicherheit*. Microsoft. https://www.microsoft.com/de-de/microsoft-365.

Motel One. (2021). *Motel One | Corporate Website* [Corporate Website]. Motel One. https://www.motel-one.com/de/corporate/company/.

Nagl, A., & Bozem, K. (2018). *Geschäftsmodelle 4.0: Business Model Building mit Checklisten und Fallbeispielen*. Springer Gabler.

NetJets. (2021, June 15). *Flugzeug-Teileigentum*. NetJets. https://www.netjets.com/de-de/eigentumer-werden.

NetMarketShare. (2021, May). *Marktanteile der Suchmaschinen—Mobil und stationär 2021*. Statista. https://de.statista.com/statistik/daten/studie/222849/umfrage/marktanteile-der-suchmaschinen-weltweit/.

Novartis AG. (2021, July 5). *Geschäftsbereiche*. Novartis Deutschland. https://www.novartis.de/ueber-uns/geschaeftsbereiche.

NZZ. (2021a, July 16). *NZZ PRO Global – Analysen, Hintergründe und Reportagen*. Neue Zürcher Zeitung. https://www.nzz.ch/pro-global.

NZZ. (2021b, July 17). *Datenschutzerklärung | NZZ*. Neue Zürcher Zeitung. https://www.nzz.ch/information/datenschutzerklaerung-ld.1388065.

Osterwalder, A., & Pigneur, Y. (2002). An eBusiness Model Ontology for Modeling eBusiness. *BLED 2002 Proceedings*.

Osterwalder, A., & Pigneur, Y. (2010). *Business model generation: A handbook for visionaries, game changers, and challengers*. Wiley

PayPal. (2021a, May 31). *PayPal—Gebühren—Händler und Verkäufer*. PayPal.de. https://www.paypal.com/de/webapps/mpp/merchant-fees.

PayPal. (2021b, May 31). *PayPal—Gebühren—Privatkunden*. PayPal.de. https://www.paypal.com/de/webapps/mpp/paypal-fees.

PayPal. (2021c, July 21). *PayPal—Sicherheit*. PayPal.de. https://www.paypal.com/de/webapps/mpp/paypal-safety-and-security.

PayPal. (2021d, July 21). *PayPal—Über uns*. PayPal.de. https://www.paypal.com/de/webapps/mpp/about.

Rappa, M. (2004). The utility business model and the future of computing services. *IBM Systems Journal, 43*(1), 32–42. https://doi.org/10.1147/sj.431.0032.

Rappa, M. (2010). *Business models on the web*. DigitalEnterprise.Org. http://digital-enterprise.org/models/models.html.

Ries, ic. (2008, September 8). The lean startup [Blog]. *Startup lessons learned*. http://www.startuplessonslearned.com/2008/09/lean-startup.html.

Salesforce. (2021, July 5). *Sales Cloud*. Salesforce.com. https://www.salesforce.com/de/products/sales-cloud/overview/.

Schallmo, D. (2013). *Geschäftsmodell-Innovation: Grundlagen, bestehende Ansätze, methodisches Vorgehen und B2B-Geschäftsmodelle*. Gabler Verlag (https://doi.org/10.1007/978-3-658-00245-9).

Schallmo, D. R. A., & Lang, K. (2020). *Design Thinking erfolgreich anwenden: So entwickeln Sie in 7 Phasen kundenorientierte Produkte und Dienstleistungen* (2., akt. Aufl.). Springer Gabler.

Schilhaneck, M. (2008). *Zielorientiertes Management von Fußballunternehmen—Konzepte und Begründungen für ein erfolgreiches Marken- und Kundenbindungsmanagement* (1. Aufl.). Gabler (https://doi.org/10.1007/978-3-8349-9742-5).

Schimmel, S.-P. (2017, March 9). *Vorurteil bestätigt: Deutsche lieben Ikea – trotz Qualitätsmängeln.* FOCUS Online. https://www.focus.de/finanzen/news/fanfocus/sieger-im-fanfocus-vorurteil-bestaetigt-deutsche-lieben-ikea-trotz-qualitaetsmaengel_id_3597412.html.

ScienceDirect. (2021, May 22). *ScienceDirect—Search Results: "business model."* ScienceDirect. https://www.sciencedirect.com/search?qs=business%20model.

Sindakis, S., Aggarwal, S., & Chen, C. (2019). Coopetitive dynamics and inter-organizational knowledge flow among venture capital firms: A systematic literature review. *Kybernetes, 49*(1), 47–72. doi: 10.1108/K-05-2019-0302.

Stähler, P. (2002). *Geschäftsmodelle in der digitalen Ökonomie: Merkmale, Strategien und Auswirkungen* (2. Aufl). Eul.

StatCounter. (2021, June). *Suchmaschinen—Marktanteil in den USA 2021.* Statista. https://de.statista.com/statistik/daten/studie/152212/umfrage/anteile-von-google-bing-und-yahoo-am-us-suchmaschinenmarkt/.

Strulak-Wójcikiewicz, R., Wagner, N., Łapko, A., & Hącia, E. (2020). Applying the business model canvas to design the e-platform for sailing tourism. *Procedia Computer Science 176*, 1643–1651. doi: 10.1016/j.procs.2020.09.188

TRUSTED SHOPS GmbH. (2021, July 28). *Trusted Shops—Home.* Trusted Shops. https://etrusted.com/en/.

Vandermerwe, S., & Rada, J. (1988). Servitization of business: Adding value by adding services. *European Management Journal, 6*(4), 314–324. doi: 10.1016/0263-2373(88)90033-3.

WEB.DE. (2020, November). *E-Mail-Provider nach Nutzeranteilen in Deutschland 2020.* Statista. https://de.statista.com/statistik/daten/studie/151754/umfrage/nutzeranteile-von-e-mail-anbietern-in-deutschland/.

Wirtz. (2020). *Business model management.* Springer International Publishing (https://link.springer.com/10.1007/978-3-030-48017-2).

Wirtz, B. W. (2000). *Electronic business* (1. Aufl). Gabler.

Wirtz, B. W. (2010). *Electronic business* (3., vollständig überarbeitete und aktualisierte Aufl.). Gabler

Wirtz, B. W. (2016). *Direktmarketing: Grundlagen – Instrumente – Prozesse* (4., aktualisierte Aufl.). Springer Gabler

Wohllebe, A. (2019). Dialogue marketing: Ecological sustainability of letter and e-mail in comparison in Germany. *Journal of Environmental Sustainability, 7*(1), 52–64. https://scholarworks.rit.edu/jes/vol7/iss1/4/.

Wolf, H., & Roock, S. (2021). *Scrum – verstehen und erfolgreich einsetzen* (3. Aufl.). dpunkt.verlag.

Zentralverband der deutschen Werbewirtschaft ZAW e. V. (2016). *ZAW-Reader: Native Advertising.* https://zaw.de/wp-content/uploads/2019/12/ZAW-Reader-Native-Advertising-Stand-August-2016.pdf.

Stichwortverzeichnis

© Der/die Herausgeber bzw. der/die Autor(en), exklusiv lizenziert durch　　　115
Springer Fachmedien Wiesbaden GmbH, ein Teil von Springer Nature 2022
A. Wohllebe, *Geschäftsmodelle systematisch analysieren*,
https://doi.org/10.1007/978-3-658-36258-4

The manufacturer's authorised representative in the EU is Springer
Nature Customer Service Centre GmbH, Europaplatz 3, 69115 Heidelberg,
Germany. If you have any concerns regarding our products, please
contact ProductSafety@springernature.com

Printed and bound by CPI Group (UK) Ltd, Croydon, CR0 4YY

28/04/2026

02098481-0007